PRINCIPIOS Y CONCEJOS PARA GERENTES Y EMPRESARIOS

Presentado por
Giancarlo Hernández Vela

PRINCIPIOS Y CONCEJOS PARA GERENTES Y EMPRESARIOS

Presentado por Giancarlo Hernández Vela

Este libro lo dedico a mi familia y en especial a mi esposa, Rommy Valer. Este libro no habría sido posible sin su amor, apoyo y paciencia. Gracias por estar siempre a mi lado, incluso en los momentos difíciles. Su amor incondicional y su confianza en mí me han dado la fuerza para seguir adelante y perseguir mis sueños.

CONTENIDO

INTRODUCCIÓN

¡Bienvenido al mundo de los negocios! En este libro, exploraremos juntos los secretos del éxito empresarial. Desde la importancia de la responsabilidad como herramienta de liderazgo efectivo hasta la clave para tomar buenas decisiones empresariales, pasando por la importancia de rodearse de colaboradores confiables y competentes, este libro te proporcionará las herramientas necesarias para triunfar en el mundo empresarial.

En el competitivo mundo de los negocios, el liderazgo efectivo es fundamental para alcanzar el éxito. Las empresas exitosas no se construyen solamente sobre grandes productos o servicios, sino también sobre un equipo comprometido y talentoso, liderado por una persona capaz de guiar y potenciar el potencial de cada individuo.

En este libro, exploraremos una serie de temas y estrategias clave que te ayudarán a convertirte en un líder sobresaliente y a alcanzar el éxito empresarial. Desde reglas básicas para optimizar tus procesos hasta la importancia de construir un equipo sólido y comprometido, descubrirás cómo maestros y profesionales exitosos utilizan estas herramientas para maximizar su impacto y lograr resultados excepcionales.

En la primera sección, nos adentraremos en la Regla básica N° 1 de cualquier emprendedor y empresario respecto a los procesos y flujos dentro de la compañía. Entenderás la importancia de identificar y simplificar tus procesos empresariales para mejorar la eficiencia y reducir costos. Verás cómo la organización meticulosa y la implementación de sistemas efectivos pueden tener un impacto significativo en el rendimiento y la productividad de tu equipo.

Continuando con la Regla básica N° 2, exploraremos la importancia de comunicar y celebrar los logros alcanzados. Descubrirás cómo el reconocimiento público y la celebración de los éxitos pueden fomentar la motivación y el compromiso de tus colaboradores, generando un ambiente positivo y productivo en tu organización.

Como líder, eres el encargado de dirigir, administrar y asumir la responsabilidad tanto de los éxitos como de los fracasos de tu equipo. En el siguiente apartado, reflexionaremos sobre esta responsabilidad y cómo el éxito o el fracaso de tu equipo recae en tus manos. Aprenderás a asumir el liderazgo con confianza y a utilizar los errores como oportunidades de aprendizaje y crecimiento.

Más adelante, exploraremos la importancia de potenciar los conocimientos de tus colaboradores como una inversión estratégica. Comprenderás cómo desarrollar y capacitar a tu equipo no solo beneficia a la organización, sino que también genera un ambiente de crecimiento y satisfacción para los miembros del equipo. Descubrirás cómo aprovechar al máximo el talento y las habilidades individuales para crear un equipo cohesionado y altamente competente.

Una empresa exitosa siempre atrae a los mejores talentos. En este libro, exploraremos cómo construir una organización atractiva que atraiga a los profesionales más talentosos del mercado. Analizaremos estrategias para destacarte como empleador y ofrecer un ambiente laboral estimulante, donde el talento desee formar parte y contribuir al crecimiento de la empresa.

Ser un líder no es solo dirigir y ordenar, sino también inspirar y corregir. En la siguiente sección, exploraremos esta faceta del liderazgo y cómo puedes influir positivamente en tu equipo. Aprenderás cómo inspirar a tus colaboradores, motivarlos hacia el logro de metas y cómo brindar retroalimentación constructiva para fortalecer su desempeño.

Cada decisión empresarial tiene un impacto en tu organización. Por eso, es crucial adquirir la habilidad de ver tanto los detalles como la visión global al tomar decisiones. En esta sección, exploraremos las claves para tomar buenas decisiones empresariales, considerando tanto los datos y análisis como la intuición y la experiencia. Descubrirás cómo equilibrar diferentes perspectivas y tomar decisiones fundamentadas que impulsen el crecimiento y el éxito de tu organización.

Como líder, es fundamental conocer tu negocio y mantener tus habilidades al día. En la próxima parte, exploraremos la importancia de la capacitación continua y el desarrollo personal. Analizaremos cómo mantenerse actualizado y adquirir nuevos conocimientos puede marcar la diferencia entre el éxito y el estancamiento empresarial.

Además de tu propio crecimiento, rodearte de colaboradores confiables y competentes es crucial para alcanzar el éxito. En esta sección, descubrirás cómo identificar, reclutar y retener a los colaboradores adecuados para tu empresa. Aprenderás cómo construir un equipo en el que puedas confiar y delegar responsabilidades, lo que te permitirá concentrarte en las tareas estratégicas y liderar con eficacia.

En momentos de problemas y crisis, una mentalidad ganadora es fundamental para sobrellevar los desafíos. Exploraremos cómo desarrollar una mentalidad resiliente, creativa y orientada a soluciones para abordar los problemas y encontrar oportunidades en medio de la adversidad. Descubrirás cómo enfrentar y superar los obstáculos, aprovechando tu liderazgo para guiar a tu equipo hacia el éxito en cualquier circunstancia.

La responsabilidad también desempeña un papel crucial en el liderazgo efectivo. Enfocaremos nuestra atención en cómo la responsabilidad puede ser una poderosa herramienta de liderazgo y cómo asumir la responsabilidad tanto de los éxitos como de los fracasos puede generar un ambiente de confianza y crecimiento en tu organización.

La clave del éxito empresarial radica en tener trabajadores orgullosos y comprometidos. En esta sección, analizaremos cómo fomentar un sentido de pertenencia y compromiso en tu equipo. Descubrirás estrategias para motivar y reconocer a tus colaboradores, construyendo una cultura corporativa sólida donde todos sientan pasión por el trabajo que realizan.

Además de lograr resultados y alcanzar metas, ser una persona de calidad en los negocios es esencial. En la última parte de este libro, exploraremos la importancia de la integridad, la ética y los valores en el mundo empresarial. Descubrirás cómo cultivar una reputación de integridad y cómo esto puede ser un factor determinante en el éxito a largo plazo de tu organización.

En resumen, en este libro exploraremos una amplia gama de temas y estrategias esenciales para el liderazgo y el éxito empresarial. Desde optimizar tus procesos y potenciar a tu equipo hasta tomar decisiones estratégicas y mantener actualizadas tus habilidades, descubrirás cómo convertirte en un líder efectivo y llevar a tu organización hacia el éxito. Las páginas que siguen te invitan a adentrarte en cada uno de estos temas y adquirir los conocimientos y las herramientas necesarias para alcanzar el éxito en el mundo empresarial. ¡Bienvenido a esta emocionante aventura de crecimiento y desarrollo empresarial!

REGLA BÁSICA N° 1: ENUMERA TUS PROCESOS, HAZLOS CORTOS, SIMPLES Y EFECTIVOS

En primer lugar, es importante dejar en claro y entender que todas las empresas operan mediante procesos. Junto con los procesos, las empresas utilizan procedimiento, protocolos y manuales para definir sus actividades y las funciones de cada equipo o persona participante. Veamos cada uno de ellos para tener en claro que implican y sus diferencias.

Un proceso es un conjunto de actividades que se llevan a cabo en una organización para lograr un objetivo específico. Por ejemplo, el proceso de producción de una empresa manufacturera incluiría las actividades de diseño, compra de materiales, fabricación y ensamblaje de los productos.

Para llevar a cabo estos procesos de manera efectiva, se necesitan procedimientos. Un procedimiento es una serie de pasos específicos que se deben seguir para llevar a cabo una actividad en particular. En el mismo ejemplo anterior, el procedimiento de compra de materiales deberá detallar las actividades para efectuar la compra de cualquier insumo o material utilizado en el proceso de fabricación mientras que el procedimiento de producción deberá especificar cómo se deben realizar las pruebas de calidad en los productos terminados.

Los protocolos, por otro lado, son un conjunto de reglas o pautas que se deben seguir en situaciones específicas. Los protocolos suelen ser más generales que los procedimientos y se utilizan para garantizar que las actividades de la empresa sean consistentes y estén en línea con los estándares de la industria. Un ejemplo de un protocolo podría ser el protocolo de seguridad de una empresa que describe cómo se debe evacuar un edificio en caso de emergencia.

Finalmente, los manuales son documentos que contienen información detallada sobre los procesos, procedimientos y protocolos de una empresa. Los manuales son una herramienta importante para garantizar la consistencia y la calidad en las operaciones de la empresa. Estos manuales pueden incluir políticas y procedimientos, guías de capacitación, descripciones de puestos de trabajo y otros documentos importantes para la empresa.

Entonces, ¿cuáles son las diferencias entre estos términos?

En resumen, un proceso es un conjunto de actividades planificadas y coordinadas que se llevan a cabo para lograr un objetivo, un procedimiento es una serie de pasos específicos para llevar a cabo una actividad, un protocolo es un conjunto de reglas o pautas que se deben seguir en situaciones específicas y un manual es un documento que contiene información detallada sobre los procesos, procedimientos y protocolos de una empresa.

Es importante que las empresas entiendan la importancia de tener procesos y procedimientos claros y bien definidos, así como protocolos y manuales detallados para garantizar la consistencia y la calidad en sus operaciones. Esto les permitirá mejorar su eficiencia y productividad, así como proporcionar un mejor servicio a sus clientes.

Los procesos, según su alcance, pueden ser complejos o simples y su eficacia depende de la calidad de su planificación y ejecución.

A continuación, presento una guía para enumerar tus procesos, hacerlos cortos, simples y efectivos:

1. Identifica tus procesos clave. Lo primero que debes hacer es identificar los procesos clave de tu organización. Estos son los procesos que son críticos para el éxito de tu negocio, la columna de tu organización y que si falla el equilibrio del negocio está en riesgo. Identificar estos procesos te permitirá enfocar tus esfuerzos en las áreas más importantes de tu empresa.

2. Documenta tus procesos. Una vez que hayas identificado tus procesos clave, es importante que los documentes. La documentación es esencial para asegurar la consistencia y la calidad de tus procesos. Esto significa que debes escribir los pasos necesarios para realizar cada proceso, así como los roles y responsabilidades de cada persona involucrada.

3. Simplifica tus procesos. Una vez que hayas documentado tus procesos, debes simplificarlos. Elimina cualquier paso innecesario o redundante y asegúrate de que cada actividad sea lo más simple posible. Esto no solo mejora la eficacia del proceso, sino que también reduce el tiempo necesario para completarlo. Aplicas la eficiencia.

4. Automatiza tus procesos. Si es posible, considera la posibilidad de automatizar tus procesos. La automatización puede reducir el tiempo y los costos para realizar un proceso y aumentar la

eficacia. Por ejemplo, puedes utilizar software de gestión de proyectos para automatizar la asignación de tareas y la comunicación entre los miembros del equipo, o implementar un sistema de control de inventarios en lugar de utilizar libros en Excel compartidos que son alimentados por varias personas.

5. Capacita a tu equipo. Una vez que hayas simplificado y automatizado tus procesos, es importante que capacites a tu equipo. Asegúrate de que todos tus colaboradores entiendan los procesos, así como su importancia y tengan las habilidades necesarias para llevarlos a cabo de manera efectiva.

6. Monitorea tus procesos. Finalmente, debes monitorear tus procesos de manera regular. Esto te permite identificar problemas o áreas de mejora y realizar los cambios necesarios para mejorar la eficacia de tus procesos. Utiliza indicadores de rendimiento para medir la eficacia de tus procesos y asegurarte de que estás logrando los resultados deseados. Busca la mejora continua.

REGLA BÁSICA N° 2: HAZ PÚBLICO TUS LOGROS Y ÉXITOS

En el mundo empresarial, es fundamental tener una estrategia para desarrollar y mejorar las habilidades y capacidades de los individuos en una organización. Una de las estrategias más efectivas para lograr este objetivo es mediante el desarrollo de la autopromoción de los logros y éxitos y la fortaleza de las debilidades.

Comencemos por la importancia de hacer público tus logros y éxitos. En un ambiente empresarial, el cual es altamente competitivo hace varias décadas, es esencial para un individuo destacar sus logros y éxitos para demostrar su valía a la empresa y a sus colegas. Al hacerlo, se demuestra que se ha sido capaz de alcanzar objetivos importantes y contribuir al éxito de la organización. Esto no solo ayuda a la persona a obtener reconocimiento y respeto dentro de la empresa, sino que también puede conducir a mayores oportunidades de crecimiento y desarrollo profesional.

Además, la autopromoción de los logros y éxitos también puede ser una forma efectiva de construir una reputación positiva en el mercado laboral. Las personas que tienen una reputación positiva son más propensas a ser consideradas para roles de liderazgo y a ser vistas como líderes y expertos en sus campos. Por lo tanto, es fundamental que las personas sean capaces de destacar sus logros y éxitos de manera clara y efectiva, ya sea a través de presentaciones, informes, boletines informativos o redes sociales.

Ahora, hablemos de la importancia de fortalecer las debilidades. En cualquier carrera profesional, es inevitable que se presenten debilidades o áreas de mejora. Sin embargo, el éxito en los negocios depende de la capacidad de un individuo para identificar y mejorar estas debilidades.

Es importante tener una actitud positiva hacia aquellos comentarios o evaluaciones que muestran o evidencian nuestras debilidades, verlas como una oportunidad para el crecimiento y el desarrollo en lugar de un obstáculo, pero, sobre todo, sentir que son oportunidades de mejora.

Para fortalecer una debilidad, es fundamental identificarla en primer lugar. Una vez que se han identificado, se pueden tomar medidas para mejorar en esas áreas. Esto puede implicar entre otras cosas:

- La asistencia a cursos de formación.

- La búsqueda de mentores o profesionales en psicología para que te enseñen o aconsejen.

- La búsqueda de retroalimentación de colegas y supervisores.

- La lectura de libros y artículos relevantes.

En última instancia, fortalecer tus debilidades es un proceso continuo y debe ser parte de una estrategia más amplia de desarrollo profesional por parte de la organización.

Por ello, hacer público los logros y éxitos y fortalecer las debilidades, son dos estrategias importantes para el éxito en el mundo empresarial. Al promocionar los éxitos se puede demostrar tu valía a la empresa y al mercado laboral en general obteniendo oportunidades de crecimiento y desarrollo profesional, mientras que al fortalecer tus debilidades se podrá mejorar las habilidades y capacidades, y estar mejor preparado para enfrentar los desafíos y aprovechar las oportunidades en el futuro.

En este punto es importante que comprendas que la gestión de recursos humanos es fundamental para el éxito de una organización. Como gerente de área o líder de equipo debes interiorizar que el reconocimiento de los logros de tus colaboradores es una de las mejores formas de motivarlos y mantener su compromiso con la empresa.

Reconocer estos logros no solo significa felicitar a un trabajador por un buen trabajo, sino también darle crédito por sus contribuciones y dedicación a la organización. Esto implica reconocer públicamente su trabajo y asegurarse de que sea valorado por su esfuerzo y el tiempo que destinó para su trabajo.

Para reconocer los logros de tus colaboradores de manera efectiva, debes seguir estos pasos:

1. Identifica los logros: Debes estar atento a las actividades y proyectos que lleva a cabo tu equipo y como cada colaborador aporta y participa. Cuando alguien hace un buen trabajo, tómate el tiempo para reconocerlo aparte y luego asegúrate que sus logros no pasen desapercibidos para sus compañeros. Pregúntate ¿qué es lo que hicieron bien y cómo puedes reconocer su éxito?

2. Sé específico: Cuando reconozcas los logros de tus colaboradores, asegúrate de ser específico sobre lo que hicieron bien, cómo sus acciones beneficiaron a la empresa y qué impacto se tendrá en el futuro. Cuanto más detallado seas,

más significativo será el reconocimiento y más motivados estará tu equipo.

3. Sé oportuno: El reconocimiento debe ser oportuno y adecuado. Si esperas demasiado tiempo para reconocer un logro, el impacto emocional del reconocimiento se desvanecerá. Por otro lado, si el reconocimiento es inadecuado, insuficiente o inoportuno, puede tener un efecto contrario al deseado y desmotive a tu equipo.

4. Sé auténtico: El reconocimiento debe ser sincero y auténtico. Tus colaboradores pueden detectar cuando el reconocimiento no es auténtico ni tiene el espíritu adecuado. Si das un reconocimiento sólo por cumplir, puede tener un efecto negativo en la motivación de tu equipo ya que se sentirá que no tienes interés en las personas que efectúan el trabajo ni sus logros.

5. Personaliza el reconocimiento: Las personas tienen diferentes necesidades de reconocimiento, por lo que es importante personalizar el reconocimiento en función de las preferencias individuales de tus colaboradores. Por ejemplo, algunos pueden preferir el reconocimiento público, mientras que otros pueden sentirse más cómodos con el reconocimiento privado.

6. Usa diferentes formas de reconocimiento: Hay muchas formas de reconocer a tus colaboradores, y es importante que uses diferentes métodos para mantener su motivación y compromiso. Algunas opciones pueden ser el reconocimiento verbal, una nota de agradecimiento, un bono, un día libre, una promoción, entre otros.

En resumen, reconocer los logros de tus colaboradores es una de las mejores formas de motivarlos y mantener su compromiso con la empresa. Para hacerlo de manera efectiva, debes estar atento a las actividades de tus colaboradores, los proyectos en los que participan y sus iniciativas; deberás ser específico, oportuno, auténtico, personalizar el reconocimiento y usar diferentes formas para realizarlo.

ERES ENCARGADO DE DIRIGIR, ADMINISTRAR Y EL RESPONSABLE DE LOS ÉXITOS O FRACASOS DE TU EQUIPO

Asumir la función de gerente es una tarea muy importante, ya que es responsable de liderar a un grupo de personas con el fin de alcanzar los objetivos y metas que la empresa establezca. Para esto el gerente debe tener una gran cantidad de habilidades y conocimientos. Pero, ¿cómo podemos asumir y adaptarnos al puesto de gerente?

En primer lugar, es importante entender las funciones y responsabilidades. Un gerente es responsable de la planificación, organización, dirección y control de los recursos de la empresa, incluyendo a las personas, las finanzas, el tiempo disponible y los materiales asignados. Además, debe ser capaz de tomar decisiones estratégicas y tácticas, así como liderar y motivar a su equipo.

Una vez que se comprenden las funciones y responsabilidades de un gerente, es importante evaluar nuestras propias habilidades y conocimientos siendo lo más sincero y trasparente posible.

¿Tenemos las habilidades necesarias para ser un gerente exitoso? ¿Tenemos experiencia en liderazgo y gestión de equipos? ¿Conocemos los procesos y procedimientos de la empresa? Si la respuesta a alguna de estas preguntas es no, debemos trabajar en desarrollar nuestras habilidades y/o conocimientos faltantes.

Para hacer esto, podemos buscar capacitación y formación en liderazgo y de gestión de equipos, así como en los procesos y procedimientos de la empresa. Además, podemos buscar mentoría o tutoría de gerentes experimentados en la empresa o en la industria, ya que a través de su experiencia tendrás luz para tomar tus propias decisiones.

Otra forma de asumir y adaptarse a las funciones de gerente es a través de la observación y el aprendizaje en el trabajo.

Podemos observar cómo los gerentes actuales, dentro o fuera de nuestra empresa, llevan a cabo sus funciones y responsabilidades, y aprender de su experiencia. Leer libros donde líderes brinden su experiencia a través de diversas situaciones brindará nuevas ideas de cómo enfrentar diversas situaciones de forma exitosa, o sobre la toma de decisiones o de qué forma implementar el empoderamiento en el personal. También podemos buscar oportunidades para asumir responsabilidades adicionales, por ejemplo, el liderar un proyecto, para desarrollar nuestras habilidades de liderazgo y gestión en la práctica.

Por último, es importante tener una mentalidad de crecimiento y adaptabilidad, sabiendo que vivimos en un mundo globalizado, cada día más cambiante y moderno. Como gerente, enfrentaremos situaciones y desafíos imprevistos, y debemos estar preparados para adaptarnos y encontrar soluciones creativas. Además, debemos estar dispuestos a aprender de nuestros errores y mejorar continuamente nuestras habilidades y conocimientos.

Hoy en día, es casi impensable encontrar personas asumiendo funciones de liderazgo y estar ajeno a los avances tecnológicos y los beneficios que pueden brindar a su empresa. La tendencia tecnológica y las aplicaciones creadas en la última década facilitan mucho el trabajo manual y los procesos largos ya que dichas herramientas buscan simplificar y acelerar los procesos empresariales, sin considerar que brindan una reputación a la empresa de ser moderna y acorde al mundo tecnológico.

Un gerente debe estar en constante aprendizaje y actualización, para no quedarse atrás frente a los cambios tecnológicos y conceptuales para ser capaz de tomar decisiones informadas y oportunas. De esta manera podrá liderar el planteamiento y la implementación de soluciones tecnológicas adecuadas para solucionar problemas o necesidades al interior de la empresa que permitan la simplificación tareas, mitigar riesgos, reducción de costos y una mejora en la eficiencia del personal.

Ahora, el gerente no solo dirige un grupo de empleados, sino que también tiene una gran responsabilidad en el éxito o fracaso del equipo.

Acá es importante entender que un gerente es un líder que debe coordinar y dirigir a su equipo hacia la consecución de los objetivos organizacionales. Como líder tiene que asegurarse de que el equipo esté trabajando de manera efectiva y eficiente, y que se estén cumpliendo los plazos establecidos teniendo las herramientas y recursos necesarios para cumplir con sus tareas y funciones.

Como líder, debe recibir el crédito por los logros del equipo, pero siempre debe celebrarlos como logros del equipo reconociendo públicamente a los participantes. En paralelo, debe analizar los factores que llevaron al éxito del equipo y determinar cómo se pueden replicar en el futuro.

Por otro lado, en el caso de un fracaso del equipo, el gerente debe asumir la responsabilidad. Si el equipo no logra cumplir con los objetivos, el gerente debe analizar los factores que llevaron al fracaso o el incumplimiento (que no equivale a fracasar) y determinar qué puede hacer para corregir la situación. Debe ser el primero en asumir la responsabilidad por los errores del equipo y trabajar para encontrar posibles soluciones formulando un plan de trabajo para su aplicación.

En última instancia, la responsabilidad del gerente con relación al éxito o fracaso del equipo se reduce a su capacidad para liderar, dirigir y acompañar a su equipo. Un gerente efectivo debe ser capaz de motivar a su equipo, establecer objetivos claros, proporcionar las herramientas y recursos necesarios, y mantener siempre una comunicación abierta y efectiva con los miembros de su equipo.

POTENCIA LOS CONOCIMIENTOS DE TUS COLABORADORES, ES UNA INVERSIÓN

Comencemos por esto: la adquisición de conocimientos es de suma importancia para lograr el éxito de una organización. Sin conocimiento de administración, gestión, marketing, contabilidad, sistemas y temas legales, no podría ser viable la implementación, la formalización y el funcionamiento de una empresa.

Es por esta razón que las empresas deben contar con personal calificado para realizar las funciones que se asignan en las diferentes áreas de la organización ya que, por ejemplo, si no se cuenta con el conocimiento de las partidas de debe y haber de contabilidad, no será posible llevar un control correcto de los ingresos y salidas en el flujo de dinero.

En este sentido, uno de los principales roles de un gerente es incentivar y motivar a sus colaboradores para que adquieran nuevos conocimientos y habilidades o que fortalezcan y actualicen los ya adquiridos a fin de que les permitan desempeñarse mejor en sus roles, cumplir las metas propuestas y contribuir al éxito de la organización.

A continuación, se presentan algunas estrategias que se pueden utilizar para incentivar la adquisición de conocimientos entre los colaboradores:

1. Establecer un plan de capacitación anual: por lo general, esta actividad la gestiona y programa el área de Gestión Humana luego de identificar puntos de mejora focalizados por cada área, más un líder de equipo o gerente puede crear un plan de capacitación luego de identificar las necesidades de sus colaboradores. Este plan de estar acompañado con la propuesta de ciertos capacitadores (externos o internos de la compañía) que diseñen y cubran la capacitación. Este plan debe incluir objetivos de aprendizaje claros, métodos de enseñanza efectivos y una evaluación del progreso.

2. Ofrecer oportunidades de aprendizaje específico: Se puede ofrecer oportunidades de aprendizaje a través de programas de capacitación interna, capacitación externa, asistencia a conferencias y seminarios, y otros recursos de aprendizaje. Estas oportunidades de aprendizaje pueden ser una forma efectiva de motivar a los colaboradores

para que adquieran nuevos conocimientos y habilidades.

3. Promover el desarrollo profesional: Se puede impulsar el crecimiento personal y profesional de los colaboradores al fomentar el aprendizaje continuo y el desarrollo de habilidades. Los colaboradores pueden ser alentados a leer libros, revistas y publicaciones especializadas, asistir a conferencias y seminarios y participar en actividades de aprendizaje en línea. Como recompensa se puede empoderar para liderar proyectos o participar en ellos donde pueda aplicar los conocimientos adquiridos.

4. Reconocer y recompensar el aprendizaje: Un líder de área puede reconocer y recompensar el aprendizaje al proporcionar oportunidades de crecimiento y desarrollo profesional. Las promociones, los aumentos salariales, los incentivos y las oportunidades de liderazgo son formas en que se puede reconocer y recompensar el aprendizaje y el desarrollo personal.

5. Fomentar la colaboración: La colaboración y el trabajo en equipo pueden ser una forma efectiva de motivar a los colaboradores para que adquieran nuevos conocimientos y habilidades a fin de fomentar la colaboración entre los

miembros del equipo y crear oportunidades para
el intercambio de conocimientos y experiencias.

En la actualidad, las empresas se enfrentan a un entorno
cada vez más complejo y competitivo por las nuevas
formas de producción, por los avances tecnológicos, la
simplificación de procesos, entre otros, y contar con un
equipo altamente capacitado y motivado es esencial para
mantenerse en la vanguardia del mercado.

Por lo tanto, es importante que las empresas adopten
estrategias efectivas para potenciar el conocimiento de
sus colaboradores y afinar sus habilidades blandas.

Las habilidades blandas son habilidades interpersonales o
sociales y tienen que ver con la comunicación efectiva, la
empatía, la resolución de conflictos, la adaptabilidad, la
capacidad de liderazgo, entre otras.

En una empresa, los trabajadores necesitan contar con
habilidades blandas bien desarrolladas para poder
desempeñarse de manera efectiva en su rol y en el
entorno laboral. Esto se debe a que, hoy en día, el trabajo
en equipo y la colaboración son fundamentales para
alcanzar los objetivos y metas de la empresa. Además,
permite comunicarse de manera efectiva con los colegas,
superiores y clientes, lo que abre puertas para establecer
relaciones sólidas y duraderas basado en la empatía y

comprensión, herramientas fundamentales para tratar conflictos y resolver problemas.

A continuación, te presento algunas formas en las que una empresa puede potenciar el conocimiento de sus colaboradores:

- Programas de formación y desarrollo: La implementación de programas de formación y desarrollo es una excelente manera de mejorar las habilidades y conocimientos de los colaboradores. Estos programas pueden ser impartidos internamente o contratando a expertos en áreas específicas para que brinden cursos y talleres. Pueden ser en línea o presenciales y deben estar enfocados en el desarrollo de habilidades prácticas que sean aplicables al trabajo cotidiano.

  Un ejemplo de un proveedor externo que brinda un programa de desarrollo focalizado es IZO University de la consultora española IZO, quien se enfoca en desarrollar e impartir conocimientos sobre Experiencia al cliente y para el trabajador. A través de su Universidad, IZO brinda diversos cursos con la finalidad trasmitir diversas estrategias de experiencia de cliente y experiencia de empleado.

  Por otro lado, diversas empresas han creado ecosistemas dentro de la organización donde se imparten de forma sistemática diversos cursos disponibles para sus colaboradores a fin de fortalecer conocimientos como Ofimática, Excel intermedio o avanzado, Power BI, entre otros.

- Mentoría y tutorías: La mentoría y las tutorías son excelentes herramientas para el desarrollo profesional de los colaboradores. Los mentores pueden ser personas dentro de la organización que tienen experiencia y conocimientos en áreas específicas y que pueden ayudar a sus mentes a mejorar sus habilidades y conocimientos.

  Estas mentorías pueden ser formales o informales, y pueden ser desarrolladas dentro de la empresa o en colaboración con organizaciones externas.

  Por ejemplo, dentro de las AFP en Perú, las cuales pertenecen al Sistema Privado de Pensiones, se contrataba al Instituto de Estudios Previsionales – IEPREV, una empresa especializada en brindar cursos especializado y mentorías en el rubro, quienes periódicamente reforzaban y actualizaban conocimientos y absolvían consultas técnicas.

- Comunidades de práctica: Las comunidades de práctica son grupos de colaboradores que comparten un interés común en un tema específico y que trabajan juntos para aprender y mejorar sus habilidades en ese campo. Estas comunidades pueden ser virtuales o presenciales y pueden estar dirigidas por colaboradores o por la empresa.

Las comunidades de práctica pueden ser muy efectivas para el desarrollo de habilidades técnicas y para la generación de soluciones creativas.

- Trabajo en equipo: El trabajo en equipo puede ser una excelente manera de fomentar el aprendizaje y la colaboración entre los colaboradores. Las empresas pueden organizar equipos interdisciplinarios para trabajar en proyectos específicos y para compartir conocimientos y habilidades.

  Este tipo de colaboración es una excelente opción para fomentar la creatividad y la innovación en los participantes, quienes alimentan sus conocimientos de las experiencias que sus compañeros comparten.

- Evaluaciones de desempeño y retroalimentación: esto está a cargo del área de Recursos Humanos o también llamada Gestión Huaman. Las evaluaciones de desempeño y la retroalimentación son herramientas importantes para el desarrollo de habilidades y conocimientos de los colaboradores.

  La evaluación de desempeño permite a los gerentes y líderes evaluar la efectividad de sus empleados y medir el progreso hacia los objetivos de la organización, identificar fortalezas y áreas de mejora. Con ello, se pueden desarrollar planes de acción para mejorar el rendimiento y la productividad.

El feedback posterior también es fundamental para la mejora continua del desempeño. Los colaboradores necesitan saber de forma clara y constructiva cómo están desempeñando sus funciones y cómo pueden mejorar para alcanzar sus objetivos. Como plus en este proceso se puede reconocer y recompensar los logros y las fortalezas lo que podría aumentar la motivación y el compromiso con la organización y el equipo de trabajo.

Como hemos visto, potenciar el conocimiento de los colaboradores es esencial para el éxito organizacional.

Es recomendable que toda empresa implemente programas de formación y desarrollo, complementado con sistemas de retroalimentación (como programas de evaluaciones de desempeño) a fin de enfrentar de forma más capaz desafíos y las tareas propias del puesto asignado.

UNA EMPRESA EXITOSA SIEMPRE ATRAE A LOS MEJORES TALENTOS

Las mejores empresas siempre están en la mira de los mejores talentos debido a una serie de factores que son clave para la atracción y retención de los empleados más talentosos. Al inverso, los mejores profesionales siempre buscarán trabajar en empresas que son líderes del mercado o cuya reputación es sólida en el mercado ya que refleja calidad en su hoja de vida.

En primer lugar, las mejores empresas siempre se caracterizan por tener una cultura empresarial sólida, valores que coinciden con los empleados potenciales y una reputación impecable.

La cultura organizacional es la personalidad de la empresa y es lo que define la forma en que los empleados trabajan en conjunto para lograr los objetivos trazados en el corto, mediano y largo plazo. En ella se refleja el camino por donde la empresa desea avanzar y la meta que desea alcanzar junto al impacto en su entorno, es decir, su misión y visión.

Una cultura empresarial sólida puede ayudar a atraer y retener a los empleados que tienen habilidades y talentos excepcionales, ya que sentirán atracción por una empresa que comparte sus valores, se caracteriza por su solidez en el pasar del tiempo y se alinea con sus objetivos personales.

En segundo lugar, las mejores empresas ofrecen oportunidades de desarrollo profesional y crecimiento dentro de la organización.

Los empleados más talentosos siempre buscan oportunidades para obtener nuevos conocimientos, perfeccionar habilidades y crecer de forma profesional y personal, por ello las empresas líderes son conocidas por ofrecer programas de capacitación y desarrollo de alta calidad para ayudar a sus empleados a crecer y alcanzar sus metas profesionales.

Las empresas que invierten en el desarrollo de sus empleados crean un ambiente de trabajo en el que los empleados se sienten valorados y apreciados, lo que a su vez aumenta su compromiso, lealtad y entrega hacia la empresa.

En tercer lugar, las mejores empresas ofrecen paquetes de compensación y beneficios altamente atractivos. Todo trabajador busca recibir una compensación justa por su trabajo, pero aquellos empleados talentosos esperan recibir una compensación competitiva no solo al interior de la empresa sino con el mercado laboral. Las empresas líderes deben ofrecer salarios y beneficios laborales (adicionales a los que la Ley laboral exige) que estén por encima del promedio del mercado con la finalidad de atraer los mejores talentos y retenerlos en el tiempo.

Además, muchas de estas empresas pueden ofrecer otros beneficios complementarios como planes de retiro, opciones de adquisición de acciones de la compañía, seguro de salud, seguro de vida y vacaciones pagadas, lo que les da una ventaja competitiva en la atracción de los mejores talentos.

Por último, las mejores empresas tienen una reputación sólida en la industria y en la comunidad en general. Los empleados talentosos quieren trabajar para empresas que son respetadas y admiradas por su ética empresarial, responsabilidad social y compromiso con la excelencia.

Las empresas líderes se esfuerzan por mantener en todo momento una reputación sólida, no solo en términos de su éxito financiero, sino también en su compromiso con la responsabilidad social, la sostenibilidad ambiental y la ética empresarial.

Pero a pesar de los esfuerzos de las empresas, existe datos que señalan que una gran parte de los trabajadores consideran cambiar de lugar de trabajo principalmente por oportunidades de crecimiento y desarrollo profesional. Según una encuesta realizada por LinkedIn en 2021, el 41% de los trabajadores de todo el mundo no descarta la posibilidad de cambiar de empleo en el corto plazo; esta estadística sube a 49% entre los trabajadores de 25 a 34 años.

Entonces veamos ahora cuales podrían ser los motivos por los que algunas empresas tienen dificultades para retener a sus trabajadores talentosos o no. A continuación, detallo algunas de ellas:

1. Falta de oportunidades de crecimiento y desarrollo profesional: Los trabajadores con más talento suelen ser ambiciosos y buscan oportunidades para crecer y desarrollarse en el mundo profesional. Si una empresa no ofrece estas oportunidades, es muy probable que estos trabajadores busquen en un corto plazo empleo en otra organización que sí las brinde.

2. Cultura organizacional poco atractiva: La cultura empresarial es un factor clave para retener a los trabajadores talentosos. Si la cultura empresarial no es atractiva o no se alinea con los valores y objetivos del, es probable que estos busquen un ambiente laboral más acorde a sus necesidades.

3. Falta de compensación y beneficios competitivos: La remuneración y los beneficios que ofrece una empresa son importantes para retener a los trabajadores talentosos. Si una empresa no ofrece una compensación competitiva y beneficios atractivos, es probable que los empleados busquen oportunidades laborales que les brinden una mejor remuneración y beneficios.

    En este punto es importante señalar que esta comparativa de beneficios no siempre se da cuando la mirada está en el mercado laboral, muchas veces el trabajador se compara con sus pares, al interno de la empresa, analizando los beneficios que se otorgan de forma no equitativa.

4. Falta de reconocimiento y apreciación: Los trabajadores con mayor talento necesitan sentir que su trabajo es valorado y apreciado por sus superiores y por la empresa. Si una organización no reconoce el trabajo de sus empleados es probable que se sientan desmotivados y busquen empleo en otro lugar donde sí se valore su trabajo.

5. Falta de comunicación y transparencia: La comunicación y la transparencia son importantes para mantener la confianza de los empleados. Si una empresa no comunica de manera clara y transparente sus políticas, decisiones, objetivos y resultados esperados, es probable que los empleados se sientan desorientados y desmotivados.

6. Ambiente de trabajo tóxico: No podíamos culminar esta lista sin mencionar este tema. Un ambiente de trabajo negativo y tóxico puede desmotivar a cualquier trabajador y hacer que busquen empleo en otro lugar. Acá también se incluye la seguridad dentro de los ambientes laborales, seguridad física y emocional, seguridad intelectual y hasta sexual.

    Si una empresa no es capaz de crear un ambiente de trabajo seguro, saludable y agradable, es un hecho que con el tiempo perderá a parte de su planilla, incluyendo a sus empleados más talentosos.

A continuación, y a manera de resumen, presento un cuadro comparativo donde destaco las principales diferencias entre las empresas que atraen y retienen el talento humano y las que no pueden retenerlo:

Características	Empresas que atraen y retienen el talento humano	Empresas que no pueden retener el talento humano
Oportunidades de crecimiento y desarrollo profesional	Ofrecen oportunidades de ascenso, capacitación y desarrollo profesional.	No brindan oportunidades de crecimiento ni desarrollo profesional.
Cultura organizacional	Tienen una cultura atractiva que promueve la innovación, el trabajo en equipo, la diversidad y la inclusión.	Tienen una cultura tóxica que no fomenta el trabajo en equipo, ni el respeto y valoración de los empleados.
Compensación y beneficios	Ofrecen una compensación competitiva y beneficios atractivos para los empleados.	No brindan una compensación competitiva ni beneficios atractivos para los empleados.
Reconocimiento y apreciación	Reconocen y valoran el trabajo de los empleados, brindando feedback y oportunidades de reconocimiento y recompensa.	No reconocen ni valoran el trabajo de los empleados, no brindan feedback ni oportunidades de reconocimiento y recompensa.
Comunicación y transparencia	Comunican de manera clara y transparente sus políticas, decisiones y objetivos.	No comunican de manera clara y transparente sus políticas, decisiones y objetivos.
Ambiente de trabajo	Fomentan un ambiente laboral saludable y agradable, libre de discriminación y hostigamiento.	Tienen un ambiente laboral tóxico, con discriminación y hostigamiento.

UN LÍDER NO SOLO ES RESPONSABLE DE DIRIGIR Y ORDENAR SINO TAMBIÉN DE INSPIRAR Y CORREGIR

La responsabilidad de un líder en la actualidad es la de dirigir y ordenar. Estas son dos de las tareas más importantes dentro de la administración de una empresa. Un líder efectivo es aquel que puede establecer objetivos claros y viables, comunicarlos de manera efectiva a su equipo y crear un ambiente de trabajo en el cual todos los miembros puedan participar, aportar y desarrollarse.

El papel del líder en las organizaciones ha evolucionado significativamente a lo largo del tiempo, reflejando cambios en las expectativas de los empleados de acuerdo a las funciones que ha ido tomando. A continuación, se presenta un pequeño cuadro donde explico cómo ha evolucionado el papel del líder en las organizaciones en el transcurrir de los siglos:

Época	Características del líder	Rol del líder en la organización
Siglo XIX	Autoritario, carismático y paternalista	Controlar y dirigir a los empleados para maximizar la producción
Primera mitad del siglo XX	Basado en la teoría clásica de la administración	Diseñar estructuras jerárquicas y sistemas de control para coordinar y optimizar el trabajo
Segunda mitad del siglo XX	Enfoque en la motivación y desarrollo del talento	Fomentar la participación de los empleados en la toma de decisiones y el desarrollo de habilidades para mejorar el desempeño
Finales del siglo XX	Líder como facilitador y agente de cambio	Facilitar la innovación y la adaptación a un entorno empresarial cambiante
Siglo XXI	Líder como visionario y mentor	Articular una visión clara y atractiva del futuro de la organización y proporcionar orientación y apoyo a los empleados para lograr los objetivos

Quien toma la función de líder debe tener una visión clara de lo que se quiere lograr y establecer objetivos específicos para alcanzar esa visión. Debe saber cómo dirigir y coordinar a su equipo para lograr esos objetivos de forma ordenada. Acá es importante recordar que dichos objetivos deben ser alcanzables y realistas, pero al mismo tiempo desafiantes para motivar al equipo a trabajar duro por el éxito.

Una vez que los objetivos están establecidos, el líder debe comunicarlos a su equipo con claridad, absolviendo cualquier duda y detallando el papel que cada miembro del equipo asumirá en la realización de esos objetivos. Es importante que el líder sea un buen comunicador, capaz de transmitir información de manera efectiva sin reservar datos importantes sobre el plan de trabajo y de escuchar a su equipo cuando surjan problemas o sugerencias.

El líder también debe ser capaz de crear un ambiente de trabajo en el cual todos los miembros puedan contribuir y desarrollarse. Debe ser un modelo para seguir, estableciendo altos estándares de ética y comportamiento para su equipo, lo cual no equivale a que se le considere perfecto. Debe fomentar la colaboración y la comunicación abierta dentro del equipo, debe buscar la forma de eliminar conflictos internos para que se cuente con un ambiente de trabajo en el que todos se sientan valorados y respetados.

Además, el líder debe tener habilidades de resolución de problemas para poder tomar decisiones efectivas y rápidas cuando sea necesario, aún cuando estas puedan ser consideradas radicales. Debe ser capaz de analizar la información disponible, tomar una decisión informada basada en los datos disponibles sin perder tiempo valioso que afecte el desarrollo de las actividades trazadas. También debe ser capaz de anticipar posibles problemas y tomar medidas preventivas para evitarlos o reducir su impacto.

En última instancia, la responsabilidad de un líder es asegurarse de que su equipo alcance los objetivos establecidos de manera efectiva y eficiente, considerando que el logro obtenido por el área es la suma de las actividades y logros obtenidos de forma individual.

En ese sentido y como ya expliqué, debe estar dispuesto a tomar decisiones aun cuando fueran difíciles y liderar para inspirar a su equipo a trabajar duro y alcanzar el éxito. Un líder efectivo es un activo invaluable para cualquier empresa, ya que es capaz de guiar a su equipo hacia el éxito y crear un ambiente de trabajo positivo y productivo.

Pero en mi experiencia, puedo afirmar que la responsabilidad de un líder no solo se limita a dirigir el trabajo de sus empleados, sino que también debe inspirarlos y corregirlos para que puedan alcanzar su máximo potencial.

Toda persona que lidera un equipo tiene la responsabilidad de corregir a sus trabajadores cuando sea necesario cuando se identifiquen actividades o actitudes que afecten el trabajo asignado o la armonía del equipo o de la empresa. Esto significa que debe ser capaz de identificar las debilidades y los errores de sus empleados, y proporcionar la orientación y el entrenamiento necesario para corregirlos. Debe abordar los problemas de manera constructiva, sin humillar o desmotivar al trabajador en cuestión.

Para esto, la justicia e imparcialidad deben ser característica del análisis y de los feedback, evitando que se cree un ambiente donde la percepción sea de favoritismo o discriminación. Por ello es importante que el líder proporcione una retroalimentación regular y honesta, tanto positiva como negativa en caso amerite, para que los trabajadores puedan aprender y mejorar continuamente. Recuerda que la finalidad es corregir conductas o acciones de los trabajadores que afecten el trabajo.

ENTRE LOS DETALLES Y LA VISIÓN GLOBAL: CLAVES PARA TOMAR BUENAS DECISIONES EMPRESARIALES.

Las buenas decisiones empresariales son esenciales para encaminar a la organización hacia el éxito, y aunque no son el único factor para tal fin, sí que ocupan un lugar de suma importancia. Pero para elegir las mejores decisiones es fundamental tener en cuenta tanto los detalles como la visión global del negocio.

En primer lugar, los detalles son importantes porque son los pequeños aspectos que, sumados, pueden marcar la diferencia en el éxito o el fracaso de un proyecto, un emprendimiento o una empresa. Es importante prestar atención a las características más pequeñas y a los datos que aparecen como no determinantes, como la gestión minuciosa de inventario, la atención al cliente enfocado en casuísticas similares y en los comentarios de las encuestas, la calidad de los productos enfocado en el proceso de devolución de productos, etc.

Los detalles también incluyen el análisis de datos, la evaluación de las tendencias del mercado y la identificación de las necesidades de los clientes. Estos datos, de acuerdo a su origen podrán ser obtenidos por medio de estudio de estadísticas internas, contratación de una empresa de estudio de mercado, consultando páginas web con información confiable, etc.

Sin embargo, la atención a los detalles no puede ser una barrera para no tener una visión global de la empresa y como se desenvuelve en su comunidad y el mercado. Es fundamental tener una visión clara y definida de lo que se quiere lograr en el corto, mediano y largo plazo, y cuáles son las metas a alcanzar en cada una de estas etapas. Esta visión global permitirá a la empresa tomar decisiones coherentes, correlativas y consistentes con su estrategia central.

Por ejemplo, si una empresa cuyo giro de negocio está enfocado en el desarrollo de software y desea posicionarse como líder en el mercado de tecnología, deberá conocer cuáles son sus competidores en su entorno local, regional e internacional, deberá conocer las tendencias de los consumidores segmentado por edades, sexo y nivel socioeconómico (entre otras variables), deberá también conocer cuáles son las nuevas tendencias en tecnologías y cuales se están desarrollando, para finalmente tomar decisiones según la visión de la empresa, decisiones de definir cómo invertir en investigación y desarrollo, decisiones de qué forma mejorar la calidad de sus productos y las nuevas líneas de productos a desarrollar, etc.

Además, una visión global también permite a la empresa anticiparse a los cambios en el mercado a nuevas amenazas que puedan aparecer y adaptarse a ellos de manera más rápida y efectiva, de ser posible, antes que la competencia.

Otro aspecto importante es que analizar datos es fundamental para identificar tendencias y definir el comportamiento del mercado asi como entender las necesidades de los clientes. Por ello es necesario saber cómo interpretar estos datos y para ello se debe contar con un equipo especializado en análisis de mercado para que brinden información rica y trascendente para tomar decisiones en línea con la visión global de la empresa.

Como hemos visto, la obtención de datos y su interpretación son importantes para tener un panorama más claro para que se puedan tomar decisiones acordes a la visión de la empresa. Esta visión no es exclusiva de los líderes y los gerentes de la compañía, sino que debe ser comunicada a todos los colaboradores de forma clara para que todos avancen con un mismo propósito y las decisiones grandes o pequeñas sean coherentes con dicha visión.

Acá es necesario dejar claro que es crucial crear un ambiente de colaboración y comunicación abierta donde todos los miembros del equipo puedan aportar ideas y perspectivas diferentes que alimenten las reuniones de equipo y el desarrollo de las actividades. Esto permite una toma de decisiones más informada y efectiva asi como que su comunicación a los equipos sea más entendible.

También es importante tener en cuenta que las decisiones empresariales no siempre son fáciles y que pueden conllevar algunos riesgos asociados, sin embargo, los líderes deben estar dispuestos a tomar decisiones difíciles cuando sea necesario a fin de lograr el cumplimiento de la visión global de la empresa. Los riesgos asociados podrían ser:

- Riesgo de incertidumbre, porque en algunas ocasiones las decisiones se basan en proyecciones y estimaciones futuras, por lo que es posible no contar con datos precisos.

- Riesgo de competencia, porque es posible que exista un impacto relacionado a los competidores directos en el mercado donde se puede perder parte de la participación del mercado.

- Riesgo financiero, porque cabe la posibilidad de uso indebido o excesivo de activos de la compañía, aumento de endeudamiento o adopción de políticas financieras inadecuadas.

- Riesgo de reputación, donde la toma de ciertas decisiones inadecuadas conlleva a que la reputación de la empresa se vea afectada negativamente afectando de forma irreparable la marca de la empresa en el mercado.

- Riesgo legal y regulatorio, donde es posible que ciertas decisiones conlleven a la violación de leyes nacionales o internacionales que den lugar a sanciones financieras, pérdida de credibilidad o hasta sanciones que dispongan la pérdida de permisos como de funcionamiento.

Como hemos señalado, hay varios factores que deben tenerse en cuenta al tomar decisiones acertadas en el mundo empresarial. Aquí doy algunos factores que deben siempre tomarse en cuenta:

1. Análisis de datos: Como indicamos, las decisiones empresariales acertadas deben basarse siempre en datos concretos y sustentables. Es importante analizar datos financieros, de mercado, de ventas y otros relevantes antes de tomar una decisión.

2. Evaluación de riesgos: Toda decisión empresarial conlleva un cierto nivel de riesgo. Por ello es importante evaluar los riesgos potenciales y establecer un plan para mitigarlos o reducir su impacto.

3. Conocimiento del mercado: Para tomar decisiones acertadas en el mundo empresarial, es importante conocer bien el mercado en el que se opera y sus participantes. Esto implica comprender las tendencias del mercado, la competencia, los clientes potenciales y las oportunidades que aparecen.

4. Flexibilidad: El mundo empresarial es dinámico y cambia constantemente. Por lo tanto, es importante ser flexible y estar dispuesto a ajustar las decisiones en función de los cambios en el mercado o en la empresa. Para esto, es importante que las empresas tengan ese factor de innovación y adaptación rápida a los cambios por parte de los diferentes equipos de trabajo.

5. Comunicación efectiva: Las decisiones empresariales a menudo involucran a múltiples partes interesadas y áreas participantes. Es importante comunicar claramente la decisión, los objetivos y los planes de acción a todas las partes involucradas directas e indirectas para que el trabajo en equipo sea efectivo.

6. Ética empresarial: Las decisiones empresariales acertadas no solo deben ser beneficiosas para la empresa, sino también éticas y respetuosas con

los empleados, los clientes y la comunidad en general.

7. Liderazgo: Los líderes empresariales deben tener la capacidad de tomar decisiones difíciles y liderar a su equipo hacia el éxito. Esto implica ser un buen comunicador, motivador y mentor para los empleados.

Ahora veamos algunos ejemplos de cómo no tener una visión clara y tomar decisiones pueden afectar la realidad de una organización.

Ejemplo 1: Una empresa de tecnología que tiene como visión global aumentar su participación en el mercado de los dispositivos móviles y tiene una idea general de cómo lograr este objetivo a través del lanzamiento de nuevos productos y mejorar en paralelo la calidad de sus productos existentes. Sin embargo, si la empresa no aborda adecuadamente los detalles de la estrategia, como la investigación de mercado, la fijación de precios, la estrategia de marketing o la distribución de sus productos, puede haber problemas en la ejecución y la estrategia puede fallar ya que es posible que los productos no sean bien recibidos o que sean menos competitivos en el mercado.

Ejemplo 2: Una empresa constructora está a cargo de la construcción de un edificio rascacielos. Tiene una visión clara de cómo se quiere ver el edificio y los resultados finales que se esperan. Sin embargo, para lograr esa visión, se debe prestar atención a muchos detalles críticos, como la calidad de los materiales utilizados, la planificación de la construcción, la programación de la obra y la asignación adecuada de recursos para cumplir con los plazos y el presupuesto. Si no se presta atención a estos detalles, es posible que la construcción del edificio se retrase, que los costos se disparen o que la calidad final no cumpla con tus expectativas. Por lo tanto, es esencial tener una visión clara y completa del proyecto, pero también prestar atención a los detalles de la planificación, el presupuesto, los plazos y la asignación de recursos para garantizar una ejecución efectiva del proyecto.

Ejemplo 3: Cuando Netflix comenzó a ofrecer contenido en línea, en lugar de simplemente distribuir DVDs por correo, la empresa tuvo que tomar varias decisiones sobre cómo ofrecer ese contenido. En lugar de simplemente comprar derechos de transmisión de contenido existente, Netflix decidió crear su propio contenido original. Esta decisión se basó en la visión global de la empresa de ser una plataforma líder en streaming de contenido, pero también tuvo en cuenta detalles importantes como la necesidad de contenido exclusivo y de alta calidad para atraer y retener a los suscriptores.

Ejemplo 4: Otro ejemplo importante de mencionar es el caso de Apple con el lanzamiento del iPod en 2001. Apple ya tenía una visión global clara de convertirse en una empresa líder en tecnología de consumo, pero la decisión de crear el iPod se basó en detalles importantes como la necesidad de un reproductor de música digital portátil y fácil de usar. Apple también consideró la necesidad de un ecosistema completo de hardware, software y servicios en línea para respaldar el iPod y se aseguró de que estos detalles estuvieran en línea con su visión global de ofrecer una experiencia tecnológica integrada y elegante para los consumidores. Esta decisión resultó ser un gran éxito para Apple y allanó el camino para su éxito posterior con dispositivos como el iPhone y el iPad.

CONOCE TU NEGOCIO Y ACTUALIZA TUS HABILIDADES

Una de las claves fundamentales para lograr el éxito empresarial es conocer bien el giro del negocio y estar al tanto de lo que sucede en dicho mercado. En este sentido, existen varios aspectos que deben ser considerados para desarrollar una estrategia efectiva.

Antes que nada, como ya he dicho, es necesario conocer a fondo el giro del negocio. Esto implica tener un conocimiento detallado de los productos o servicios que se ofrecen en el mercado local o internacional y aquellos que nuestra empresa ofrece, también es necesario conocer a los clientes a los que pretendemos llegar, las necesidades que buscamos satisfacer y los competidores que enfrentaremos.

De esta manera, se podrá identificar las fortalezas y debilidades de tu empresa, así como las oportunidades y amenazas que presenta el mercado. Es decir, se podrá realizar el más que conocido análisis FODA:

DEBILIDADES
•Puntos débiles y aspectos desfavorables

AMENAZAS
•Factores del entorno que ponen en peligro a la empresa

FODA

FORTALEZAS
•Puntos fuertes, capacidades, recursos y ventajas

OPORTUNIDADES
•Factores del entorno positivos que al ser utilizados pueden ser ventajosas

Es crucial también estar al tanto de lo que pasa en el mercado. Esto implica analizar y estar al tanto de las tendencias, los cambios en la demanda (por ejemplo, según el sexo, las edades o los niveles socioeconómicos), los nuevos productos o servicios que están surgiendo producto de la demanda y las innovaciones tecnológicas, entre otros aspectos relevantes. De esta manera, se podrá identificar las oportunidades de crecimiento para la empresa y adaptar la estrategia operacional.

A lo mencionado, es importante contar con un plan estratégico bien definido, el cual debe incluir objetivos claros y alcanzables, así como la definición de los medios necesarios para lograrlos. Este plan debe ser flexible para poder adaptarse a cualquier cambio del mercado y a las nuevas oportunidades que surjan.

Es fundamental que se establezca un sistema de seguimiento y evaluación para medir el desempeño de la empresa y el impacto de la estrategia. Esto implica establecer indicadores de desempeño relevantes y medibles, y llevar a cabo una revisión periódica para ajustar la estrategia según los resultados obtenidos.

Otro punto importante es establecer alianzas y colaboraciones con otras empresas para aprovechar sinergias y complementar capacidades. Esto no siempre puede que ocurra, pero si se desarrolla puede permitir acceder a nuevos mercados, compartir conocimientos o recursos y aumentar la eficiencia de la empresa. Por ejemplo, si bien las empresas del sector bancario no pueden compartir sus carteras o estrategias de llegada a sus diferentes públicos objetivos, pero pueden participar y contribuir en diferentes comités donde representantes del sector compartan ideas de mejora sobre la actual normativa del sector o donde se pueda compartir casuísticas similares y alcanzar consenso sobre como atenderlas.

Si miramos nuestra sociedad, sus tendencias, los avances tecnológicos y como las empresas se interrelacionan con ella, veremos que es crucial contar con una cultura empresarial orientada a la innovación y la mejora continua. Esto implica fomentar la creatividad y la experimentación en el personal, contar con un liderazgo visionario y estratégico que inspire y motive al equipo de trabajo y estar dispuesto a correr riesgos para lograr el éxito. Junto con esto, será importante evaluar si los colaboradores cuentan con los habilidades y conocimientos necesarios para participar de estas iniciativas, pero en caso se determine que no se cuenta con ello, la empresa puede evaluar invertir en cursos enfocados en desarrollar determinados conocimientos que a futuro deben aplicarse en el trabajo diario y en proyectos a mediano plazo.

Entonces, es el momento para señalar que es fundamental e importante la actualización constante de los conocimientos y habilidades, no solo de los líderes empresariales, sino de todo el personal, como una herramienta clave para lograr una ventaja competitiva sostenible.

La actualización constante de los conocimientos y habilidades permitirá a los líderes de las empresas mantenerse al día con las tendencias del mercado y conocer las mejores prácticas en la gestión de su sector. Esto permite que en un entorno de constante evolución, desarrollen la capacidad de adaptarse a los diferentes cambios y saber aprovechar las diferentes oportunidades que se presentan. También podrán estar a la vanguardia de la tecnología, la innovación y el desarrollo de productos.

La capacidad de innovar y desarrollar nuevos productos y servicios es fundamental para mantenerse a la vanguardia en un mercado cada vez más exigente. Un día escuché una frase que tiene mucha verdad: *"Si nosotros no aprovechamos las oportunidades, otros lo harán; si nosotros no brindamos al cliente lo que necesita, otros lo harán. En cualquier caso, nosotros perdemos".*

Mejorar nuestros conocimientos permitirá a los gerentes y personas a cargo de personal mejorar su capacidad de toma de decisiones y de evaluación de situaciones de toda índole. Una mejor capacidad para evaluar el entorno y los diferentes factores que se desarrollan dentro del área, la empresa o el mercado permitirá tomar decisiones más informadas y acertadas. A esto se le adiciona que poco a poco se va formando un liderazgo más sólido y equipos más interrelacionados, lo que incrementa la motivación dentro del equipo.

En muchas ocasiones, contar con conocimientos más amplios y profundos permite estar conscientes de las mejores prácticas asumidas por otras empresas líderes de otro sector lo que es esencial para lograr una ventaja competitiva sostenible, contar con una comprensión más profunda del entorno empresarial y de las tendencias del mercado, identificando oportunidades de crecimiento y desarrollo de estrategias organizaciones exitosas.

Finalmente podemos decir que sólo aquellos profesionales que deseas participar del cambio organizacional y ser más capaces en el desarrollo de sus habilidades tomarán el camino de estudiar y adoptar nuevos y mejores conceptos. No te digo que lo conozcas todo, pero siempre debes considerar saber más que ayer.

RODÉATE DE COLABORADORES CONFIABLES Y COMPETENTES

En este capítulo desarrollaremos 3 temas importantes: cómo desarrollar una cultura empresarial que impulse la confianza y la competencia, el proceso de reclutar colaboradores ideales, y motivar a los colaboradores para evitar la fuga de talento.

En principio, es importante seguir ciertas estrategias y metodologías que ayuden a crear un ambiente de trabajo saludable y productivo. Una de ellas es contar con una cultura empresarial clara y robusta; por ello te presento algunos consejos que pueden ser de utilidad:

1. Define los valores y principios de la empresa: Lo primero que se debe hacer es establecer los valores y principios que guíen a la empresa y que reflejen su filosofía y misión. Estos valores deben ser claros y deben estar alineados con las

metas y objetivos de la organización, para el corto, mediano o largo plazo.

De esta manera, los empleados tendrán una comprensión clara de lo que se espera de ellos, de cómo deben comportarse dentro y fuera de las instalaciones de la empresa, y se sentirán más comprometidos con su organización.

2. Fomenta la comunicación: Es importante establecer canales de comunicación efectivos y transparentes entre los empleados y la dirección de la empresa. Esto permitirá que los empleados se sientan que pueden ser escuchados y que su opinión es valorada, que tienen la libertad de expresar sus ideas y preocupaciones de manera abierta y honesta.

    También es fundamental que se establezcan mecanismos de retroalimentación para que los empleados reciban comentarios sobre su desempeño, en base a sus metas u objetivos, y puedan mejorar en su trabajo.

    Algunas empresas aplican técnicas como los focus group para obtener los comentarios de los colaboradores bajo ciertos temas trazados. Otras empresas utilizan encuestas anónimas donde los colaboradores dejan sus comentarios y sugerencias las cuales son leídas por la directiva en una reunión donde participa toda la empresa en al cual ellos también brindan sus comentarios.

3. Promueve la colaboración y el trabajo en equipo: La colaboración y el trabajo en equipo son esenciales para fomentar la confianza y la competencia en una empresa. Es considerado como uno d ellos pilares en esta era moderna y globalizada.

Esto implica que los empleados trabajen juntos, como equipo, para lograr objetivos comunes donde se valoren las habilidades y fortalezas de cada uno. Acá es importante que los equipos de trabajo se establezcan bajo roles y responsabilidades claras, de tal manera que cada empleado aporte según sus capacidades y donde se promueva la comunicación y el intercambio de ideas.

Hace unas décadas atrás se viene usando la metodología agile que se enfoca principalmente en la flexibilización para ejecutar tareas, reducción de tiempos de entrega y mejorar la calidad del trabajo. Dentro de las metodologías más conocidas están:

- o Scrum: Funciona a través de la entrega continua de resultados en periodos cortos. Básicamente tiene 5 pasos cíclicos:

  a) La planificación de las actividades, sus requisitos y los resultados esperados,
  b) La ejecución de las actividades.
  c) La inspección de resultados.
  d) La corrección de errores
  e) La planificación de nuevas actividades partiendo de las correcciones aplicadas.

o   Kanban: Su base está en el trabajo en equipo con un flujo de tareas continuas. La metodología funciona por medio de tableros de trabajo (algunos expertos incluyen a los responsables) donde se detallan las tareas a ejecutar, las tareas que están desarrollándose y las que ya finalizaron.

    La idea es que a través de la visualización de las tareas y su seguimiento puedan ejecutarse de forma más ordenada y rápida.

o   Lean: Esta metodología se recomienda cuando el equipo de trabajo es pequeño. Si bien existen algunas variantes, todas aplican los siguientes principios básicos:

    a) Eliminar tareas y actividades innecesarias.
    b) Garantizar la integridad del producto o servicio entregable.
    c) Construir conocimiento en medio de las actividades.
    d) Realizar entregas rápidas en comparación con métodos tradicionales.
    e) Estar consciente del personal y del contexto donde se ejecuta el trabajo.

4. Ofrece oportunidades de desarrollo y recompensas profesionales: Es fundamental que los empleados sientan y vean que dentro de la

organización tienen oportunidades de crecimiento y desarrollo profesional en base a sus logros y desempeño. Esto les motivará a mejorar su desempeño, sus habilidades y conocimientos, y se sentirán más comprometidos con la empresa.

Si bien no todas las empresas pueden garantizar ascensos periódicos, ya que su estructura no es muy grande, lo que si pueden es crear un plan de aumentos de remuneración o beneficios económicos en su lugar.

También se pueden ofrecer el financiamiento total o parcial de cursos de capacitación, de programas de mentoría y planes de carrera, entre otras iniciativas.

Es importante que los directivos sepan reconocer y recompensar el buen desempeño de sus empleados y si bien los incentivos económicos suelen ser una alternativa, también pueden utilizarse los reconocimientos públicos por desempeño.

Es fundamental que las recompensas y la entrega de beneficios laborales sean justas y equitativas para que todos los empleados se sientan valorados. Por ejemplo, no es correcto que para un mismo puesto de analista o asistente dentro de una misma área o departamento, existan dos o más bandas salariales ya que generará descontento y rivalidad entre los trabajadores.

5. Fomenta un ambiente de respeto y diversidad: Es esencial que se fomente un ambiente de respeto y diversidad en la empresa. Esta tarea empieza con las actitudes y trato de los directivos, continúa con actividades y programas aplicados por el área de Gestión Humana, y culmina con la interiorización de dichos valores por parte del personal de la empresa.

    Esto implica que se valoren las diferencias y se promueva la inclusión de todas las personas, independientemente de su género, raza, discapacidad, orientación sexual o cualquier otra característica.

    Es importante que se establezcan políticas claras respecto a este punto y que, acorde a los valores de la empresa, se promueva el respeto y la tolerancia entre los empleados.

Otro punto importante es contar con el personal adecuado para cada puesto de trabajo, idóneo para realizar las funciones que se deben cumplir. Por ello, la búsqueda de talento humano o el reclutamiento de colaboradores es un proceso crítico para cualquier empresa, ya que tener un equipo de trabajo efectivo es esencial para alcanzar los objetivos estratégicos.

Encontrar a los colaboradores ideales no es una tarea fácil, pero hay algunas prácticas que pueden ayudar en este proceso. En este sentido, detallaré algunos pasos que se deben seguir para cumplir con este proceso:

1. Define tu perfil de candidato ideal: Antes de comenzar cualquier proceso de reclutamiento, es importante que la empresa tenga claro el perfil que el candidato debe cubrir. Esto implica definir las habilidades, conocimientos y competencias que se requieren para desempeñar todas las funciones de manera eficiente. También se debe considerar y asegurarse el candidato encaje con el equipo de trabajo con el que interactuará, con la cultura organizacional y los valores de la empresa.

2. Publica la oferta de trabajo: La empresa debe utilizar los canales adecuados para publicar la oferta de trabajo, tales como portales de empleo confiables, por sus redes sociales, por su sitio web, entre otros. Es importante que la oferta de trabajo sea precisa y clara en lo que se busca, que incluya información detallada sobre las responsabilidades del puesto, los requisitos necesarios a cumplir tanto en conocimiento como en experiencia laboral.

Un punto en que las empresas fallan es en colocar el detalle de los beneficios que se ofrecen. Pocas veces se detalla la remuneración ofrecida (o el rango en que encuentra) o si las labores pueden efectuarse bajo la modalidad de trabajo remoto (o un híbrido). Considero que, si se pide a los postulantes ser lo más transparentes y sinceros en el proceso de selección, lo mismo debe aplicar para el futuro empleador.

3. Realiza una evaluación de los candidatos: Una vez que se han recibido las solicitudes de empleo, es importante realizar una evaluación de los candidatos para determinar si cumplen con los requisitos y competencias requeridas. Esta evaluación puede incluir una revisión de los currículums, una entrevista telefónica o por video llamada o una entrevista personal.

4. Realiza pruebas de habilidades: Dependiendo del puesto que se quiere cubrir, puede ser necesario realizar pruebas de habilidades para evaluar las competencias técnicas del candidato. Estas pruebas pueden incluir ejercicios prácticos, pruebas de conocimientos específicos (como de la normativa vigente, código civil, contrataciones y licitaciones con el estado, etc.) y de ciertos paquetes de software (como dominio de Office u otros programas de análisis), entre otros.

5. Verifica las referencias laborales: Es importante verificar las referencias laborales de los candidatos para asegurarse de que tienen un historial laboral confiable y positivo, pero sobre todo, cual fue su comportamiento en sus antiguos puestos y la relación con sus compañeros.

6. Evalúa el encaje con la cultura organizacional: Este punto es alternativo, pero sería importante constatar previo a la contratación que el candidato encaja con la cultura organizacional de la empresa y con el equipo de trabajo antes de ser contratado. Normalmente esto puede verificarse con un tiempo de prueba donde el área de Gestión Humana y el líder directo evalúan el desempeño e integración con el departamento.

7. Considera ofrecer un paquete de beneficios competitivo: Por último, es importante ofrecer un paquete de beneficios distintivo y a su vez competitivo para atraer a los candidatos más capacitados e ideales. Esto en muchos casos puede incluir un salario competitivo, un seguro de salud, seguro de vida, horario reducido de trabajo según logros, trabajo remoto o híbrido, vacaciones pagadas, entre otros.

Entonces, la motivación y la retención de empleados talentosos son dos desafíos críticos en la gestión de recursos humanos. La captación del talento humano es crucial para que la empresa funcione de forma óptima, pero no termina ahí, es importante brindar beneficios atractivos y diferenciados para que dichos trabajadores no miguen a otras empresas.

Cuando una empresa es capaz no solo de motivar sino también de retener a sus empleados talentosos, se beneficia de un personal altamente comprometido, productivo y leal, lo que a su vez se traduce en una ventaja competitiva en el mercado.

A continuación, se presentan algunas pequeñas estrategias que pueden ayudarte a motivar a tus colaboradores con la finalidad de retenerlos:

- Ofrece un ambiente de trabajo positivo: El ambiente de trabajo siempre tiene un impacto significativo en la motivación y en la satisfacción de los empleados. Es importante crear un ambiente positivo que fomente el trabajo en equipo, la colaboración, la innovación y la creatividad. Esto puede lograrse mediante la creación de espacios de trabajo cómodos y atractivos con una comunicación abierta y transparente donde se celebren los logros y los éxitos del equipo.

- Proporciona oportunidades de desarrollo y crecimiento: Los empleados talentosos siempre son ambiciosos, buscan oportunidades para desarrollar sus habilidades y conocimientos, pero también desean que por sus logros se les reconozcan. Por lo tanto, es importante proporcionar oportunidades de crecimiento y desarrollos de talentos como capacitaciones desarrolladas al interno de la compañía, cursos de educación superior, mentoría y coaching, y oportunidades de promoción al interno de la empresa. Esto no solo ayuda a mantener a los empleados motivados y comprometidos, sino que también puedan mejorar sus habilidades y desempeño laboral.

- Ofrece paquetes de compensación y beneficios: acá podemos encontrar diferentes conceptos: salario justo, bonos y prestaciones, seguro médico y vacaciones pagadas. También es importante reconocer el trabajo y el esfuerzo a través de incentivos financieros y programas de reconocimiento.

- Fomenta una cultura de trabajo equilibrada: La cultura de trabajo es importante para mantener a los empleados motivados y comprometidos en el largo plazo. Esto significa que se fomente un ambiente donde exista equilibrio entre el trabajo y la vida personal, donde se permitan horarios de trabajo flexibles, apoyando el bienestar físico y emocional de los empleados.

- Delega autoridad en la toma de decisiones: Ofrece oportunidades para la participación en proyectos bajo ciertos puestos de liderazgo y en la toma de decisiones, donde según el criterio y experiencia de cada colaborador puedan contribuir sin tanta burocracia en el desarrollo de la empresa.

En resumen, reclutar motivar y retener a los empleados talentosos requiere un enfoque estratégico y una combinación de factores, que sumados a diferentes beneficios competitivos y a una cultura de trabajo equilibrada permitirán a la organización contar con un excelente capital humano con que desarrollar las actividades regulares.

UNA MENTALIDAD GANADORA ANTE LOS PROBLEMAS Y CRISIS.

En el mundo empresarial, las crisis y los problemas son inevitables, por lo tanto, es esencial que los líderes empresariales tengan una mentalidad ganadora para enfrentarlos. Una mentalidad ganadora es una actitud mental que promueve resolución de problemas y la toma de decisiones efectivas en situaciones difíciles. Esta mentalidad se puede desarrollar a través de la formación y de la experiencia. Según Jansen y Witteloostuijn (2020), una mentalidad ganadora es una habilidad importante para los líderes empresariales, ya que les permite navegar por los desafíos y convertir las crisis en oportunidades.

Para desarrollar una mentalidad ganadora, es importante que los líderes empresariales sean resilientes. La resiliencia se refiere a la capacidad de recuperarse rápidamente de los reveses, las dificultades y las crisis. Según Bonanno (2004), la resiliencia es una habilidad que se puede entrenar y desarrollar. Los líderes empresariales resilientes pueden enfrentar los problemas y las crisis con una actitud positiva y la confianza necesaria para siempre encontrar soluciones.

Los líderes empresariales con una mentalidad ganadora son capaces de tomar decisiones rápidas y efectivas en situaciones complicadas. Según Todorovic y Jovanovic (2020), la capacidad de tomar decisiones rápidas y efectivas es esencial para superar las crisis empresariales. Entonces, aquellos líderes empresariales que pueden tomar decisiones en situaciones de incertidumbre son aquellos que podrán ser capaces de minimizar los riesgos y maximizar las oportunidades para sus organizaciones.

La mentalidad ganadora también requiere que los líderes sean proactivos al afrontar diversas situaciones adversas. En lugar de esperar a que los problemas se resuelvan por sí solos o por decisiones tardías, los líderes deben tomar medidas proactivas para encontrar una variedad de soluciones y escoger la más viable con el menor impacto negativo. Según Kim y Joo (2021), la resolución de problemas proactiva es una habilidad importante para los líderes empresariales que buscan superar los desafíos y las crisis.

Además, los líderes con una mentalidad ganadora deben ser capaces de trabajar en equipo, no son llaneros solitarios. Según Hitt et al. (2020), el trabajo en equipo es esencial para superar las crisis empresariales. Tomando la referencia anterior, todo líder empresarial debe ser capaz de trabajar con otros miembros de su equipo o de equipos paralelos para encontrar soluciones y superar los desafíos de una coyuntura.

La mentalidad ganadora requiere que los líderes puedan ser flexibles y adaptables a cualquier situación que se presente. Según Raisch y Birkinshaw (2018), la flexibilidad y la adaptabilidad son esenciales para superar las crisis empresariales. Entonces, es necesario que exista una adaptabilidad rápida frente a los cambios del mercado y de la industria, y por lo tanto, estar dispuesto a hacer ajustes en sus estrategias.

Además, contar con una mentalidad ganadora permite evaluar los escenarios y ser capaz de aprender de los errores. Según Wong y Davey (2007), la capacidad de aprender de los errores es una habilidad importante para los líderes empresariales que buscan superar los desafíos y las crisis. Entonces, es de suma importancia que todo líder pueda reflexionar sobre sus decisiones, sus aciertos, así como sus errores, y utilizarlos como una oportunidad para mejorar y crecer.

En el mundo empresarial, es inevitable encontrar problemas que luego conllevan a una crisis. Sin embargo, con el correcto enfoque y la correcta dirección, las empresas pueden convertir estos desafíos en oportunidades para mejorar y crecer como organización. Para lograrlo, es necesario que se cuente con estrategias fuertes y efectivas que permitan aprovechar los momentos difíciles.

Una de las estrategias más efectivas para convertir una crisis en una oportunidad es contar con profesionales que se dediquen a la innovación empresarial según el área en que se desarrollan. Según Schumpeter (1934), la innovación es una herramienta clave para el crecimiento económico y el desarrollo empresarial. Al innovar, las empresas pueden encontrar nuevas y sorprendentes soluciones a los problemas que enfrentan mejorando su competitividad.

Otra estrategia importante es contar con un liderazgo sólido y eficiente. Los líderes empresariales deben ser capaces de mantener la calma en tiempos de crisis y de tomar decisiones difíciles en medio de coyunturas complicadas. Según Kotter (1996), el liderazgo es esencial para el éxito empresarial y puede marcar la diferencia entre el fracaso y el éxito. Acá la comunicación es clave para mantener la estabilidad de la organización. Las empresas deben ser transparentes y abiertas con su personal y sus stakeholders mientras que los líderes deben ser sinceros y abiertos con su equipo. Según Grunig y Hunt (1984), la comunicación efectiva es esencial para la construcción de relaciones sólidas y el fortalecimiento de la confianza.

Otra estrategia importante es la adaptabilidad. Las empresas deben ser capaces de adaptarse a los cambios de su entorno empresarial y responder con prontitud a los desafíos se presenten ya sean cambios en la economía, en la tecnología, en las preferencias de los consumidores o en la competencia. Según Hamel y Prahalad (1994), la adaptabilidad es una herramienta clave para la supervivencia y el crecimiento empresarial. Las empresas que se adaptan más rápido a las nuevas tendencias y los cambios en el mercado tendrán más posibilidades de mantenerse a la vanguardia y superar a sus competidores. Esto permitirá enfrentar y gestionar cualquier riesgo, lo que permite tomar decisiones más informadas y estratégicas.

La colaboración también puede ser considerada como una estrategia efectiva para aprovechar los problemas y crisis como oportunidades para mejorar. Las empresas pueden colaborar con otras empresas, organizaciones y stakeholders para encontrar soluciones innovadoras a los problemas que enfrentan. Según Nonaka y Takeuchi (1995), la colaboración es esencial para la creación y transferencia de conocimiento y la innovación.

Finalmente, la resiliencia es una estrategia clave para aprovechar los problemas y crisis empresariales como una oportunidad. Las empresas deben ser capaces de recuperarse rápidamente de los desafíos que enfrentan y de las crisis para seguir adelante. Según Sutcliffe y Vogus (2003), la resiliencia es esencial para la supervivencia y el éxito empresarial a largo plazo mientras que para Lengnick-Hall y Beck, la resiliencia se define como "la capacidad de una organización para absorber el impacto de un shock disruptivo, recuperarse rápidamente y continuar operando sin interrupción". La resiliencia se ha convertido en una competencia esencial en el mundo empresarial moderno más competitivo y cambiante; la capacidad de adaptarse y superar los desafíos es fundamental para el éxito.

La resiliencia empresarial implica la capacidad de las organizaciones para resistir los días exigentes y recuperarse de situaciones adversas, como crisis económicas o reputacional, cambios regulatorios, catástrofes naturales o pandemias, y salir fortalecidas.

Para cultivar la resiliencia empresarial, es necesario adoptar una perspectiva proactiva y adoptar un enfoque integral. En palabras de Hamel, "la resiliencia no es solo sobre resistir los golpes, sino sobre recuperarse rápidamente y aprovechar los cambios para impulsar el crecimiento". Una estrategia eficaz de resiliencia empresarial implica:

- La identificación de riesgos potenciales,
- La implementación de medidas de prevención y mitigación,
- La preparación de planes de contingencia, y
- La capacidad de recuperación ante crisis.

Una cultura organizacional que promueva la adaptabilidad, la flexibilidad y la innovación es fundamental para fomentar la resiliencia al interno de la organización. Las empresas deben ser capaces de reconocer los cambios en su entorno y estar preparadas para adaptarse a ellos con rapidez, incluso si esto significa abandonar prácticas y modelos de negocio antiguos y obsoletos.

La resiliencia también implica una cierta capacidad de liderazgo para guiar a la organización a través de situaciones difíciles, considerando que no todos las jefaturas o gerencias son líderes preparados para afrontar una crisis.

Los líderes deben ser capaces de tomar decisiones informadas y rápidas en momentos de incertidumbre proporcionando así un sentido de dirección y propósito para su organización tal como señala Tushman, "los líderes deben ser capaces de adaptarse y cambiar rápidamente para mantenerse a la vanguardia del cambio empresarial".

Otra forma de cultivar la resiliencia empresarial es a través de la creación de alianzas y redes de colaboración con otras organizaciones con quienes se puede diversificar las fuentes de ingresos y aumentar su capacidad de respuesta a situaciones imprevistas.

Cualquiera sea el camino que la organización tome, es importante que esté consciente que la resiliencia y cultivar la innovación en los colaboradores no se construyen de la noche a la mañana, es un proceso continuo que requiere tiempo, recursos y compromiso.

Como señala Shepherd, "la resiliencia empresarial requiere una combinación de habilidades, recursos, cultura y liderazgo, y las empresas deben estar dispuestas a invertir en estos factores críticos para tener éxito".

Ahora, existe la posibilidad que en medio de una crisis no se lleguen a tomar las decisiones más adecuadas y que ellas conlleven a fracasar en su adaptación. Por ello, es esencial aprender de los errores para el crecimiento y futuro éxito de cualquier empresa. Toda empresa experimenta altibajos en su camino hacia el éxito y es necesario que sus líderes sepan cómo manejar estos desafíos a través de la reflexión y el análisis cuidadoso de los errores y aciertos previos con la finalidad de tomar decisiones informadas y evitar errores similares en el futuro.

El primer paso para aprender de los errores y fracasos en el mundo empresarial es aceptar que los errores son inevitables, incluso para las empresas más exitosas (quienes también han cometido errores en su pasado). Lo importante es cómo se manejan estos errores. En lugar de trasladar la responsabilidad culpando a otros o tratar de encubrir los errores, es importante que los líderes tomen responsabilidad por sus acciones y trabajen arduamente por corregir los errores.

Después de aceptar los errores, es importante analizarlos cuidadosamente, investigando lo que salió mal, el por qué y las responsabilidades individuales. No solo es importante mirar el resultado final, sino también el proceso que llevó al resultado; al comprender el proceso, se puede identificar las áreas problemáticas y desarrollar estrategias para prevenir errores similares en el futuro.

Además, los líderes deben aprender a tomar riesgos previamente calculados, nunca a ciegas. A veces, el miedo al fracaso impide que las empresas crezcan y se desarrollen, sin embargo, tomar riesgos calculados y estar dispuesto a fallar puede conducir a la innovación y el crecimiento en base a la experiencia. Es importante encontrar un equilibrio entre la toma de riesgos y la precaución.

Los errores y fracasos siempre son oportunidades para aprender nuevas habilidades, fortalecer los conocimientos y mejorar la resiliencia. Los líderes deben enfocarse en el aprendizaje y el desarrollo personal y e su personal en lugar de simplemente culparse a sí mismos o a otros. Al aprender de los errores pueden desarrollar una mayor resiliencia y aprender a superar los futuros desafíos.

Con el análisis previamente descrito, es importante que siempre compartir las experiencias y aprendizajes con todo el personal, lo cual puede ayudar a otros a evitar errores similares en el futuro. Esta transparencia y honestidad son esenciales para construir relaciones fuertes y de confianza con los empleados, los clientes y otros líderes empresariales. Asimismo, se debe estar dispuestos a cambiar el enfoque y estrategia según el aprendizaje. Si algo no funciona correctamente, es importante ser flexible y adaptarse a las nuevas circunstancias, estar abiertos a nuevas ideas y enfoques, y estar dispuestos a cambiar de rumbo cuando sea necesario.

Por último, los líderes deben ser persistentes y pacientes en la búsqueda del éxito empresarial, considerando que no ocurre de la noche a la mañana. Con una visión clara y trabajo constante hacia la visión de la empresa, considerando las lecciones aprendidas en medio de su crecimiento, el éxito de la organización puede garantizarse.

LA RESPONSABILIDAD COMO HERRAMIENTA DE LIDERAZGO EFECTIVO

La responsabilidad es algo fundamental en el liderazgo efectivo y la administración de personal. En términos simples, se refiere a la capacidad del líder, gerente o jefe de asumir las consecuencias de sus decisiones y acciones, y de aceptar la responsabilidad de los resultados de su equipo.

Según Stephen Covey, autor del libro "Los 7 hábitos de la gente altamente efectiva", la responsabilidad es uno de los hábitos más importantes de un líder efectivo ya que afirma que un líder responsable es aquel que toma decisiones basadas en principios y que es capaz de asumir las consecuencias de esas decisiones, tanto si son buenas como si son malas.

Por su parte, Peter Drucker, considerado el padre de la administración moderna, destaca la importancia de la responsabilidad en la toma de decisiones pues sostiene que un líder efectivo es aquel que asume la responsabilidad de tomar decisiones, incluso cuando estas son difíciles o impopulares.

En cuanto a las características de un líder responsable, podemos destacar las siguientes:

1. Se hace responsable de sus decisiones y acciones.

2. Es consciente de las consecuencias de sus decisiones y acciones.

3. Es capaz de aceptar la crítica y aprender de sus errores.

4. Actúa con integridad y honestidad.

5. Es proactivo y toma la iniciativa para solucionar los problemas.

6. Inspira confianza y respeto en su equipo.

La importancia de la responsabilidad en el liderazgo efectivo radica en que un líder es capaz de generar confianza en su equipo y también en su entorno pues asume la responsabilidad de sus decisiones y acciones siendo percibido como alguien en quien se puede confiar, lo que a su vez aumenta la motivación y el compromiso de su equipo.

El sentido de responsabilidad es un factor clave para el éxito de cualquier equipo u organización. Como líder, es importante desarrollar y fortalecer este sentido de responsabilidad tanto en uno mismo como en los miembros del equipo existiendo diversas estrategias efectivas para lograr este objetivo.

En primer lugar, es básico que el líder siempre dé el ejemplo mostrando compromiso total con la responsabilidad y la ética en todas las decisiones y acciones que tome. Los miembros del equipo sentirán el impulso de seguir el ejemplo de su líder, por lo que es fundamental que éste demuestre una actitud positiva y proactiva hacia la responsabilidad.

En segundo lugar, es importante establecer expectativas claras y realistas en cuanto a los objetivos y metas del equipo y de sus integrantes. Esto inicia mediante una comunicación abierta y transparente. Los miembros del equipo deben entender exactamente lo que se espera de ellos y cómo su trabajo contribuirá al logro de los objetivos del equipo.

Como tercer punto, el líder puede fortalecer el sentido de responsabilidad de su equipo al fomentar la colaboración y el trabajo en equipo. Cuando los miembros del equipo se sienten parte de un grupo unido y comprometido, es más probable que asuman la responsabilidad de su trabajo y se esfuercen por alcanzar los objetivos establecidos.

Como cuarto punto, es importante dar retroalimentación positiva y constructiva a los miembros del equipo siendo sinceros y objetivos cuando el feedback toca aspectos por fortalecer. Reconocer y valorar su trabajo contribuirá a motivarlos y a fortalecer su sentido de responsabilidad. Además, la retroalimentación constructiva les ayudará a identificar áreas de mejora y los motivará a trabajar en ellas.

Para fortalecer el sentido de responsabilidad en el equipo, el líder puede también ofrecer oportunidades de aprendizaje y desarrollo profesional lo que permitirá a los miembros del equipo mejorar sus habilidades y conocimientos, lo que a su vez contribuirá al éxito del equipo. Por último, es esencial que el líder establezca un ambiente de confianza y respeto mutuo dentro del equipo. Cuando los miembros del equipo se sienten valorados y respetados, es más probable que asuman la responsabilidad de su trabajo y se esfuercen por alcanzar los objetivos del equipo.

Por otro lado, la falta de responsabilidad en un equipo puede ser muy perjudicial para cualquier empresa, ya que esto puede llevar a errores costosos, disminución de la calidad del trabajo y, en última instancia, la pérdida de clientes. Un líder efectivo debe saber cómo manejar la falta de responsabilidad en su equipo y tomar medidas para corregir la situación.

Una estrategia importante puede ser la definición clara de roles y responsabilidades para cada miembro. Esto significa establecer claramente lo que se espera de cada integrante del equipo, qué tareas son responsabilidad de cada uno y cómo se medirá el rendimiento. Con esto se debe asegurarse que los miembros del equipo entiendan y acepten sus responsabilidades y deben tener la libertad de hacer preguntas y clarificar cualquier duda que surgiera.

Otra estrategia importante incluye la retroalimentación frecuente, oportuna y efectiva. Es importante que los miembros del equipo se sientan valorados y reconocidos por su trabajo, pero también es importante que reciban retroalimentación constructiva cuando sea necesario. Esto puede ser un diálogo entre el líder y el miembro del equipo para discutir su progreso y las oportunidades de mejora.

Para ilustrar lo anterior, se puede tomar el ejemplo de una empresa de tecnología que produce aplicaciones móviles. Si un miembro del equipo no cumple con sus responsabilidades en el desarrollo de una aplicación dentro del plazo establecido, el líder puede definir claramente las tareas y plazos, y establecer las consecuencias en caso de incumplimiento. Luego, se puede realizar una retroalimentación regular para asegurarse de que el miembro del equipo esté encaminado y hacer los ajustes necesarios.

En otro ejemplo puede ser un equipo de ventas que no está logrando sus objetivos de colocación de productos. Acá el líder debe establecer metas claras, alcanzables y medibles para cada vendedor. Luego, puede proporcionar retroalimentación regular sobre el progreso y hacer ajustes en la estrategia de ventas cuando sea necesario o potenciar las actividades con acompañamiento para motivar al vendedor. De esta manera, se puede incentivar al equipo para que sean más responsables y se esfuercen más por alcanzar los objetivos de la empresa.

Algunos autores como Stephen Covey en su libro "Los 7 hábitos de la gente altamente efectiva" resalta la importancia de establecer metas claras donde definir roles y responsabilidades con una retroalimentación efectiva se convierte en la base para lograr el éxito en cualquier organización.

Ahora, veamos el panorama de forma macro. La construcción de una cultura de responsabilidad en una organización es esencial para mejorar la eficiencia, la eficacia y la moral del equipo. La cultura de responsabilidad se refiere a un entorno en el que todos los miembros del equipo son conscientes de su responsabilidad en la consecución de los objetivos de la organización y trabajan juntos para lograrlos.

Aquí hay algunos pasos para construir una cultura de responsabilidad en su equipo y organización:

1. Definir claramente las expectativas: Es importante que las expectativas y responsabilidades de cada miembro del equipo estén claramente definidas y comunicadas. Esto puede ser hecho mediante la definición de objetivos y metas claras, y la creación de un plan de acción para lograrlos. Esto ayudará a cada miembro del equipo a entender su papel en la organización y en qué medida son responsables de los resultados.

2. Proporcionar retroalimentación regular: Proporcionar retroalimentación regular a los miembros del equipo puede ayudarles a comprender su progreso y a identificar las áreas en las que necesitan mejorar. También puede ser una oportunidad para reconocer los logros del equipo y celebrar los éxitos.

3. Fomentar la colaboración: La colaboración es esencial para construir una cultura de responsabilidad. Fomentar un ambiente en el que los miembros del equipo trabajen juntos para lograr los objetivos de la organización, permitiendo así a los miembros del equipo apoyarse mutuamente y tomar responsabilidad en los objetivos compartidos.

4. Establecer un liderazgo inspirador: El liderazgo desempeña un papel importante en la creación de una cultura de responsabilidad. Los líderes pueden fomentar una cultura de responsabilidad al establecer un ejemplo y dar el ejemplo. Esto significa ser un modelo a seguir en cuanto a actitud, comportamiento y enfoque en los objetivos de la organización.

Ejemplos de cómo se puede construir una cultura de responsabilidad en su equipo y organización son:

- En una empresa de tecnología, se estableció un sistema de seguimiento de objetivos para el equipo. Cada miembro del equipo tiene su conjunto de objetivos individuales que deben cumplir, y se revisan periódicamente en reuniones de equipo. Los objetivos están alineados con los objetivos generales de la organización. El sistema de seguimiento de objetivos y el énfasis en la revisión periódica de los mismos, ha fomentado una cultura de responsabilidad en el equipo.

- En una organización sin fines de lucro, el liderazgo estableció un sistema de reconocimiento de logros. Cada vez que se logra un objetivo o se alcanza un hito, el equipo es reconocido en una reunión de equipo. Este reconocimiento fomenta una cultura de responsabilidad y motivación en el equipo para lograr sus objetivos.

LA CLAVE DEL ÉXITO EMPRESARIAL: TRABAJADORES ORGULLOSOS Y COMPROMETIDOS

El compromiso y orgullo de los trabajadores son fundamentales para el éxito empresarial, ya que influyen directamente en la motivación, productividad y calidad del trabajo que realizan. Según Robbins y Coulter (2018), un trabajador comprometido se siente conectado emocionalmente con la empresa, está dispuesto a realizar esfuerzos extras y a permanecer en la organización por más tiempo. Por otro lado, el orgullo de pertenecer a una organización se refleja en la satisfacción y en el sentido de identidad que los trabajadores sienten al trabajar en ella, lo que se traduce en una mayor lealtad hacia la empresa.

Existen diversas estrategias para fomentar el compromiso y orgullo de los trabajadores en una empresa. Una de ellas es establecer una cultura organizacional sólida, en la que se fomente la participación de los trabajadores en la toma de decisiones y se promueva la comunicación abierta y transparente entre los diferentes niveles jerárquicos de la organización (Robbins y Coulter, 2018). Además, es importante que se reconozca el trabajo y los logros de los trabajadores, ya sea mediante incentivos económicos, reconocimientos públicos u oportunidades de crecimiento y desarrollo profesional.

Otra estrategia es promover un ambiente laboral positivo y saludable. Esto implica ofrecer beneficios y servicios que mejoren la calidad de vida de los trabajadores, tales como seguro médico, horarios flexibles, permisos remunerados, entre otros (Schermerhorn et al., 2017). También es fundamental proporcionar herramientas y recursos adecuados para que los trabajadores puedan realizar su trabajo de manera eficiente y efectiva.

La formación y capacitación de los trabajadores también es clave. Al brindarles la oportunidad de desarrollar nuevas habilidades y conocimientos, se les hace sentir valorados y se les permite crecer profesionalmente dentro de la organización (Robbins y Coulter, 2018). Por otro lado, esto contribuye a mejorar la calidad del trabajo que realizan, lo que se traduce en una mayor satisfacción y motivación.

La implementación de programas de responsabilidad social empresarial también puede tener un impacto positivo en el compromiso y orgullo de los trabajadores. Al participar en iniciativas que contribuyan al bienestar de la comunidad, los trabajadores pueden sentirse parte de una organización que tiene un propósito más allá del lucro y se sentirán identificados con los valores y objetivos de la empresa (Schermerhorn et al., 2017).

Finalmente, es importante destacar que el liderazgo es un factor fundamental en el fomento del compromiso y orgullo de los trabajadores. Los líderes deben ser modelos a seguir para los trabajadores, demostrando su compromiso y pasión por la empresa y estableciendo un clima de confianza y respeto en el equipo de trabajo. Además, deben ser capaces de motivar e inspirar a los trabajadores, promoviendo un sentido de propósito y pertenencia a la organización (Robbins y Coulter, 2018).

La cultura empresarial es un conjunto de valores, creencias y normas que definen la identidad de una empresa y guían el comportamiento de sus miembros. Una cultura empresarial sólida y coherente puede ser una ventaja competitiva para la organización, al tiempo que puede contribuir al bienestar y la motivación de los trabajadores.

La cultura empresarial puede tener un impacto significativo en la forma en que los trabajadores se sienten identificados con la organización. En un estudio realizado por Edgar Schein, se encontró que la cultura empresarial es uno de los principales factores que determinan la identidad y el compromiso de los trabajadores con su empresa. Según Schein, la cultura empresarial es una "fuente de significado y sentido" para los trabajadores, y puede influir en su satisfacción laboral y su rendimiento.

En una cultura empresarial sólida, los valores y creencias de la empresa se reflejan en su comportamiento y en la forma en que trata a sus empleados. Por ejemplo, una empresa que valora la innovación y el pensamiento creativo puede fomentar la experimentación y el riesgo calculado, lo que puede ser una fuente de motivación para los trabajadores que se sienten identificados con estos valores.

La cultura empresarial también puede influir en la forma en que los trabajadores interactúan entre sí y con los clientes. Una cultura empresarial que valora la colaboración y el trabajo en equipo puede fomentar la comunicación abierta y la resolución de problemas conjunta, lo que puede ser beneficioso tanto para los trabajadores como para la empresa en su conjunto.

Sin embargo, una cultura empresarial tóxica o disfuncional puede tener un impacto negativo en los trabajadores. Una cultura empresarial que promueve el individualismo, la competitividad desmedida o la falta de ética puede crear un ambiente de trabajo hostil y desmotivador para los trabajadores, lo que puede tener un impacto negativo en su bienestar emocional y físico.

La evaluación de desempeño es una herramienta importante en la gestión de recursos humanos de una empresa. Su objetivo es medir el rendimiento y la productividad de los empleados para identificar fortalezas y debilidades en su trabajo. Además, esta evaluación también puede ser una forma efectiva de hacer que los empleados se sientan valorados y reconocidos por su trabajo.

La evaluación de desempeño puede hacer que los empleados se sientan valorados de varias maneras. En primer lugar, les brinda la oportunidad de recibir retroalimentación directa y constructiva sobre su trabajo. Al escuchar el feedback de su supervisor o gerente, los empleados pueden comprender mejor en qué áreas necesitan mejorar y en qué están haciendo un buen trabajo.

Por ejemplo, si un empleado recibe una retroalimentación positiva por haber completado un proyecto a tiempo, se sentirá valorado por su trabajo y esfuerzo. Además, si el supervisor le brinda comentarios sobre cómo podría haber mejorado su trabajo, el empleado también sentirá que su supervisor está comprometido en ayudarlo a crecer y mejorar.

Otro beneficio de la evaluación de desempeño es que puede ser una herramienta para establecer metas y objetivos claros para los empleados. Al establecer objetivos específicos y medibles, los empleados pueden tener una idea clara de lo que se espera de ellos y cómo se medirá su desempeño. Esto puede ser especialmente importante para los empleados que buscan avanzar en su carrera o que buscan mejorar en su trabajo actual.

Por ejemplo, si un empleado está interesado en avanzar en su carrera, una evaluación de desempeño podría ayudar a identificar las habilidades y competencias necesarias para avanzar en la empresa. Al establecer objetivos claros y medibles, el empleado puede trabajar para alcanzar esos objetivos y sentirse valorado por sus esfuerzos y logros.

Sin embargo, para que la evaluación de desempeño sea efectiva para hacer que los empleados se sientan valorados, es importante que se realice de manera justa y consistente. Los empleados deben sentir que se les está evaluando de manera justa y que se están tomando en cuenta sus logros y esfuerzos.

También es importante que los gerentes y supervisores sean proactivos en el seguimiento de los objetivos y metas establecidos en la evaluación de desempeño. Los empleados necesitan saber que su trabajo está siendo evaluado de manera continua y que se les brindará retroalimentación regularmente.

La motivación, el reconocimiento y la inclusión son elementos clave para fomentar el compromiso en los colaboradores de una empresa. Estos tres factores están estrechamente relacionados y son fundamentales para crear un ambiente laboral positivo que impulse el rendimiento y la satisfacción de los trabajadores.

La motivación es un factor clave para el compromiso de los colaboradores en una empresa. La motivación es la fuerza que impulsa a los trabajadores a realizar sus tareas con entusiasmo y dedicación. Existen diferentes tipos de motivación, como la motivación intrínseca y la motivación extrínseca. La motivación intrínseca se refiere a la satisfacción personal que se obtiene al realizar una tarea y la motivación extrínseca se refiere a los incentivos externos, como el salario o los beneficios laborales.

Para motivar a los colaboradores, es necesario conocer sus necesidades y objetivos personales. Un líder puede motivar a su equipo proporcionando oportunidades de crecimiento y desarrollo profesional, reconocimiento por el trabajo bien hecho y retroalimentación constructiva sobre su desempeño. Por ejemplo, si un colaborador tiene como objetivo alcanzar una posición de liderazgo, el líder puede motivarlo proporcionándole oportunidades para liderar proyectos o asignaciones y proporcionándole retroalimentación para mejorar sus habilidades de liderazgo.

El reconocimiento es otro elemento clave para fomentar el compromiso de los colaboradores. El reconocimiento es la manera en que los líderes reconocen el trabajo bien hecho y valoran el aporte de los colaboradores. El reconocimiento puede ser en forma de comentarios positivos, recompensas financieras o beneficios laborales.

Un líder puede reconocer a sus colaboradores por su trabajo bien hecho de diferentes maneras. Por ejemplo, puede reconocer a un colaborador por sus esfuerzos en un proyecto dándole un premio, otorgándole un día libre o destacando su trabajo en una reunión de equipo. El reconocimiento no solo aumenta la motivación y el compromiso de los colaboradores, sino que también mejora la cultura laboral de la empresa al demostrar que el trabajo duro y el esfuerzo son valorados.

La inclusión es otro factor clave para fomentar el compromiso de los colaboradores. La inclusión es el acto de asegurarse de que todos los miembros del equipo se sientan valorados y respetados, independientemente de sus antecedentes, creencias y características personales. La inclusión fomenta la diversidad de pensamiento y perspectiva, lo que puede mejorar la innovación y la resolución de problemas en la empresa.

Un líder puede fomentar la inclusión en su equipo asegurándose de que todos los miembros del equipo tengan la oportunidad de participar en proyectos y asignaciones, sin importar su posición o antigüedad. También puede proporcionar capacitación y recursos para que los colaboradores aprendan sobre la diversidad y la inclusión. Al crear un ambiente laboral inclusivo, los colaboradores se sienten más cómodos para compartir sus ideas y perspectivas, lo que puede mejorar el rendimiento y la satisfacción laboral.

En resumen, la motivación, el reconocimiento y la inclusión son elementos clave para fomentar el compromiso en los colaboradores de una empresa. Un líder puede aumentar el compromiso de su equipo al proporcionar oportunidades de crecimiento y desarrollo profesional, reconocimiento por el trabajo bien hecho (completar)

EL VALOR DEL EQUIPO: DESCUBRIENDO DIAMANTES EN BRUTO EN LA EMPRESA

El talento humano es uno de los principales recursos de cualquier empresa, ya que son los trabajadores quienes llevan a cabo las tareas y decisiones que permiten alcanzar los objetivos y metas organizacionales. Identificar el talento en el equipo es crucial para el éxito empresarial, ya que permite retener y desarrollar a los mejores trabajadores, fortalecer la cultura organizacional y optimizar los procesos de selección y promoción.

Para identificar el talento en el equipo, existen diversas herramientas y técnicas que pueden ser utilizadas. A continuación, se describen algunas de las más importantes:

1. Evaluación de desempeño: La evaluación de desempeño es una técnica comúnmente utilizada para medir el rendimiento de los trabajadores en

la empresa. Esta técnica permite identificar las fortalezas y debilidades de cada trabajador, lo que permite desarrollar planes de capacitación y desarrollo personalizados, así como establecer metas y objetivos realistas. La evaluación de desempeño también puede ayudar a identificar a los trabajadores que están sobresaliendo en su trabajo y que tienen un gran potencial para crecer y desarrollarse dentro de la empresa.

2. Entrevistas de evaluación: Las entrevistas de evaluación pueden ser muy efectivas para identificar el talento en el equipo. Estas entrevistas pueden ser utilizadas para evaluar tanto las habilidades técnicas como las habilidades interpersonales de los trabajadores. Durante las entrevistas, se pueden hacer preguntas específicas sobre el trabajo y la experiencia de los trabajadores, así como preguntas más generales para evaluar su personalidad y habilidades de comunicación.

3. Pruebas psicométricas: Las pruebas psicométricas son una herramienta muy útil para evaluar el talento en el equipo. Estas pruebas pueden ayudar a identificar las fortalezas y debilidades de los trabajadores en términos de habilidades cognitivas, personalidad y estilo de trabajo. Las pruebas psicométricas también pueden ayudar a identificar a los trabajadores con habilidades y características específicas que son importantes para la empresa.

4. Observación directa: La observación directa es una técnica muy efectiva para identificar el talento en el equipo. Al observar directamente a

los trabajadores durante su trabajo, los gerentes pueden identificar a aquellos que están haciendo un buen trabajo y que tienen el potencial de crecer y desarrollarse. La observación directa también permite identificar problemas y oportunidades de mejora en los procesos de trabajo.

En cuanto a autores relevantes en este tema, se puede mencionar a Peter Drucker, quien destacó la importancia de la gestión de recursos humanos y el desarrollo del talento para el éxito empresarial. Drucker enfatizó que la gestión del talento debería ser una responsabilidad compartida entre los gerentes y los trabajadores, y que los gerentes deberían trabajar en colaboración con los trabajadores para identificar sus fortalezas y debilidades, y desarrollar planes de capacitación y desarrollo personalizados.

Otro autor importante en este tema es Jim Collins, quien en su libro "Good to Great" destaca la importancia de tener el "equipo adecuado" para lograr el éxito empresarial. Collins enfatiza que es esencial tener un equipo con las habilidades, la personalidad y la cultura adecuadas para llevar a cabo los objetivos y metas de la empresa.

El liderazgo es un elemento crucial para el éxito de cualquier empresa, ya que puede afectar la motivación, la innovación y el rendimiento del equipo. Por lo tanto, es importante desarrollar habilidades de liderazgo efectivas para fomentar el potencial e innovación del equipo. En este sentido, el desarrollo humano empresarial y la administración estratégica de empresas pueden desempeñar un papel vital en este proceso.

Para desarrollar habilidades de liderazgo efectivas, es necesario tener en cuenta las siguientes áreas clave:

1. Comunicación: Un líder efectivo debe ser capaz de comunicarse claramente con su equipo y escuchar sus ideas y preocupaciones. Esto puede fomentar la colaboración, la creatividad y el intercambio de ideas, lo que puede llevar a una mayor innovación y mejores soluciones a los problemas.

2. Empatía: Un líder que muestra empatía hacia su equipo puede aumentar la motivación y el compromiso del equipo. Si el líder se preocupa por el bienestar de sus empleados, esto puede llevar a una mayor lealtad y dedicación a la empresa.

3. Toma de decisiones: Un líder efectivo debe ser capaz de tomar decisiones rápidas y efectivas. Esto puede ayudar al equipo a avanzar en proyectos y alcanzar metas.

4. Gestión del tiempo: Un líder efectivo debe ser capaz de administrar su tiempo de manera eficiente y ayudar a su equipo a hacer lo mismo.

Esto puede permitir al equipo centrarse en tareas importantes y aumentar la productividad.

Para desarrollar estas habilidades, un líder puede buscar oportunidades de formación, como cursos de liderazgo y desarrollo personal, o buscar la ayuda de un mentor o coach empresarial. Además, es importante estar dispuesto a recibir comentarios constructivos y estar abierto a aprender y crecer como líder.

Un ejemplo de un líder que ha desarrollado habilidades de liderazgo efectivas es Elon Musk, CEO de Tesla y SpaceX. Musk ha demostrado una gran capacidad para comunicarse con su equipo y motivarlos a trabajar en proyectos ambiciosos y desafiantes. Él ha dicho que prefiere contratar a personas que son "enérgicas y motivadas" y que trabajan bien en equipo. Además, Musk ha demostrado una capacidad para tomar decisiones rápidas y efectivas, como cuando decidió reducir el tamaño de la plantilla de Tesla en 2018 para reducir costos y mejorar la eficiencia.

El diseño de planes de carrera para el equipo es una estrategia clave para la retención del talento y el desarrollo de los empleados en las empresas. El objetivo principal es proporcionar un camino claro para el crecimiento profesional y personal de los empleados, lo que puede aumentar la motivación, el compromiso y la productividad. En este sentido, es fundamental que la empresa establezca un proceso de seguimiento y evaluación constante de los planes de carrera, con el fin de asegurarse de que están siendo efectivos y se están cumpliendo los objetivos.

El primer paso en el diseño de un plan de carrera es la identificación de las habilidades y competencias necesarias para cada puesto. Esto permitirá definir claramente los requisitos y habilidades que se necesitan para avanzar en la carrera dentro de la empresa. Para ello, se pueden utilizar herramientas de evaluación de desempeño, entrevistas y encuestas de satisfacción para conocer las necesidades y aspiraciones de los empleados.

Una vez identificadas las habilidades necesarias, se deben establecer los objetivos y metas que se quieren lograr en un plazo determinado. Estos objetivos deben ser realistas, específicos y medibles, de manera que se puedan evaluar con facilidad y hacer ajustes si es necesario. Para lograrlo, se puede definir un plan de desarrollo individualizado que incluya actividades de formación, coaching y mentoría.

En este proceso, es importante involucrar a los empleados en la definición de sus objetivos y metas, y asegurarse de que estén alineados con los objetivos de la empresa. Esto fomentará su compromiso y motivación para alcanzarlos. Además, es fundamental ofrecer oportunidades de crecimiento y desarrollo a los empleados que muestren un buen desempeño, ya sea mediante promociones, movilidad interna, entre otras opciones.

Una vez definidos los planes de carrera, es fundamental establecer un seguimiento constante de su implementación y efectividad. Esto permitirá detectar oportunidades de mejora y hacer ajustes en caso de que se presenten problemas o desviaciones. Para ello, se pueden establecer reuniones periódicas de seguimiento, donde se evalúe el progreso de los objetivos, se analicen los resultados y se definan las acciones a seguir.

Un ejemplo de éxito en la implementación de planes de carrera es el caso de General Electric, que ha desarrollado una metodología de evaluación de desempeño basada en un sistema de "rank and yank". Este sistema consiste en clasificar a los empleados en diferentes categorías de rendimiento y, posteriormente, eliminar a los que se encuentran en la categoría más baja. De esta manera, se fomenta la competencia interna y se asegura que los empleados que permanecen en la empresa sean los más capacitados y comprometidos.

En conclusión, el diseño de planes de carrera efectivos es fundamental para el desarrollo humano empresarial y la administración estratégica de empresas.

MÁS ALLÁ DE LOS LOGROS: LA IMPORTANCIA DE SER UNA PERSONA DE CALIDAD EN LOS NEGOCIOS

El comportamiento ético y moral de las empresas es clave para la toma de decisiones en cualquier organización. Las empresas tienen la obligación de respetar las leyes y normas, pero también de actuar de forma ética y moralmente adecuada. Las empresas que no respetan los criterios éticos y morales pueden sufrir consecuencias negativas, como pérdida de prestigio, multas legales, demandas y pérdidas económicas.

La ética empresarial se refiere a las reglas y principios que orientan el comportamiento de las empresas en su relación con la sociedad, los empleados, los clientes y otros grupos de interés. Algunos de los principios éticos más habituales en los negocios son la honestidad, la integridad, la transparencia, la responsabilidad social, la equidad y la justicia. Estos principios éticos son importantes porque ayudan a las empresas a crear relaciones de confianza y credibilidad con sus clientes y otros grupos de interés.

La moral empresarial se refiere a los valores y principios que dirigen el comportamiento de los individuos dentro de la empresa. Esto incluye cómo los empleados se tratan entre sí y cómo toman decisiones en situaciones complejas. Algunos de los valores morales más relevantes en el ambiente empresarial son la honestidad, la responsabilidad, el respeto, la compasión y la justicia. Estos valores son importantes porque ayudan a los empleados a tomar decisiones éticas y a actuar de forma coherente con los principios éticos de la empresa.

Según varios autores, la ética y la moral empresarial son fundamentales para la toma de decisiones estratégicas en una organización. En su libro "La Ética de los Negocios", Manuel Guillén resalta que la ética empresarial es esencial para construir una relación de confianza con los clientes y otros grupos de interés. Además, la ética empresarial también puede tener un impacto positivo en la rentabilidad de la empresa a largo plazo, ya que los clientes prefieren hacer negocios con empresas que son éticas y responsables socialmente.

Por otro lado, el autor Peter Drucker resalta que la ética empresarial es importante porque ayuda a los gerentes a tomar decisiones que son coherentes con los valores y principios de la empresa. Esto puede ser especialmente importante en situaciones difíciles en las que los gerentes enfrentan decisiones difíciles que pueden afectar a muchos grupos de interés diferentes. En su libro "La Práctica de la Administración", Drucker enfatiza que los gerentes deben ser "custodios de la ética empresarial" y tomar decisiones que sean consistentes con los valores y principios de la empresa.

Adicionalmente, según varios estudios de psicología, las empresas que actúan de forma ética y moralmente responsable también tienen empleados más satisfechos y comprometidos. Esto se debe a que los empleados están más motivados para trabajar en una empresa que comparte sus valores y principios. Además, los empleados son más propensos a permanecer en una empresa que es ética y responsable socialmente, lo que puede ayudar a las empresas a retener talentos valiosos.

El liderazgo efectivo no solo consiste en tomar decisiones acertadas y lograr los objetivos de la empresa, sino también en establecer una relación saludable con los colaboradores. La empatía y el respeto son componentes cruciales de un liderazgo efectivo, ya que ayudan a construir una cultura de confianza, comunicación abierta y colaboración en la organización.

La empatía es la habilidad de comprender y compartir los sentimientos de los demás. Cuando un líder es empático, puede situarse en el lugar de sus colaboradores y entender sus puntos de vista, necesidades y preocupaciones. Esta habilidad es fundamental para establecer una relación fuerte y significativa con los miembros del equipo, ya que les permite sentirse apreciados y escuchados. Un líder empático puede comunicarse de manera efectiva y estimular la participación activa de sus colaboradores, creando un ambiente de trabajo que favorece la innovación y el crecimiento.

Por otro lado, el respeto es una actitud de aprecio y reconocimiento hacia los demás. Un líder respetuoso valora a sus colaboradores como individuos únicos y valiosos, y les da la autonomía y el espacio para crecer y desarrollarse. Esta actitud también implica tratar a los miembros del equipo con dignidad y justicia, fomentando la diversidad, la inclusión y la igualdad de oportunidades.

La empatía y el respeto son elementos esenciales del liderazgo efectivo, ya que ayudan a construir una cultura de colaboración y confianza en la organización. Al ser empático y respetuoso, un líder puede motivar a su equipo y fomentar la innovación, la creatividad y la productividad. Además, un líder empático y respetuoso puede ayudar a crear un ambiente de trabajo saludable, reduciendo el estrés y la tensión entre los miembros del equipo y promoviendo la felicidad y el bienestar general.

Varios autores han resaltado la importancia de la empatía y el respeto en el liderazgo efectivo. Daniel Goleman, por ejemplo, ha enfatizado la importancia de la inteligencia emocional en el liderazgo, incluyendo la empatía como uno de sus componentes clave (Goleman, 1998). Por otro lado, Stephen Covey ha abogado por una actitud de consideración hacia los demás en su libro "Los 7 hábitos de la gente altamente efectiva" (Covey, 1989). Finalmente, Kim Cameron y Robert Quinn han destacado la importancia de la cultura organizacional positiva en su libro "Diagnóstico y cambio organizacional" (Cameron y Quinn, 2011), señalando que la empatía y el respeto son fundamentales para crear una cultura de colaboración y confianza.

La identidad empresarial es un concepto clave en la gestión estratégica de una empresa, ya que representa la esencia de la organización y lo que la diferencia de sus competidores. Se trata de la imagen que la empresa proyecta, su personalidad y valores, y la percepción que los clientes, empleados y la sociedad en general tienen de ella. En este sentido, la identidad empresarial es una herramienta clave para construir una imagen coherente y consistente que permita a la empresa sobresalir en un mercado cada vez más competitivo.

En los momentos de cambios, la identidad empresarial se vuelve más relevante. La globalización, la digitalización y otros factores externos están cambiando rápidamente los mercados, creando nuevos retos y oportunidades para las empresas. En este contexto, una identidad empresarial clara y fuerte puede ayudar a las empresas a mantener su dirección y su ventaja competitiva.

Según Kotler y Keller (2009), la identidad empresarial debe estar basada en tres elementos clave: la visión, la misión y los valores de la empresa. La visión representa la dirección estratégica a largo plazo de la empresa, mientras que la misión define su propósito y razón de ser. Por último, los valores reflejan las creencias y principios éticos que orientan el comportamiento de la empresa. Estos tres elementos deben estar alineados y coherentes para que la identidad empresarial sea auténtica y efectiva.

Además, la identidad empresarial también puede estar representada por elementos tangibles como el nombre de la empresa, el logotipo, el eslogan y la imagen corporativa. Estos elementos deben ser cuidadosamente diseñados y coherentes con la visión, misión y valores de la empresa para transmitir una imagen clara y consistente.

La identidad empresarial puede ser beneficiosa para la empresa de varias maneras. En primer lugar, puede ayudar a establecer una relación más fuerte y significativa con los clientes, ya que estos se sentirán atraídos por empresas que compartan sus valores y principios. En segundo lugar, puede fomentar la lealtad de los empleados y mejorar su motivación, ya que les da un sentido de propósito y pertenencia a la empresa. En tercer lugar, puede contribuir a la reputación y reconocimiento de la empresa en el mercado, lo que puede atraer nuevos clientes y oportunidades de negocio.

En conclusión, la identidad empresarial es un elemento clave en la gestión estratégica de una empresa. Una identidad empresarial sólida y coherente puede ayudar a la empresa a diferenciarse de sus competidores, mejorar la relación con los clientes, fomentar la lealtad de los empleados y contribuir a su reputación y reconocimiento en el mercado.

REFERENCIAS BIBLIOGRÁFICAS

Covey, S. R. (1989). Los 7 hábitos de la gente altamente efectiva. Paidós.

Drucker, P. F. (2005). The effective executive: The definitive guide to getting the right things done. HarperCollins.

Tracy, B. (2001). Eat that frog!: 21 great ways to stop procrastinating and get more done in less time. Berrett-Koehler Publishers.

Díaz, C. (2021). Importancia de establecer metas en la gestión del tiempo. Recuperado de https://www.iberdrola.com/talento/establecer-metas

Hackman, J. R. (2002). Leading teams: Setting the stage for great performances. Harvard Business Press.

Katzenbach, J. R., & Smith, D. K. (1993). The discipline of teams. Harvard Business Review, 71(2), 111-120.

Cruz-Ferreira, E., & Biedma-Ferrer, J. M. (2020). Las redes sociales como herramienta de atención al cliente en situaciones de crisis. Revista de Estudios Empresariales, 2(1), 127-143.

García-Martínez, M., Pérez-Martínez, P. J., & Moliner-Tena, M. Á. (2019). Efecto de la atención al cliente en la satisfacción del cliente y en la intención de recompra. Revista de Investigación en Marketing, 21(1), 57-72.

Valencia, R., & Sandoval, E. (2018). La gestión de la atención al cliente en situaciones de crisis: un análisis de la literatura. Revista de Ciencias Administrativas y Sociales, 5(1), 41-54.

Kotler, P. y Keller, K. L. (2009). Dirección de marketing. Pearson Educación.

Balmer, J. M. (2010). Explicando la identidad empresarial: 20 años de evolución conceptual. European Journal of Marketing, 44(7/8), 1063-1086.

www.ingramcontent.com/pod-product-compliance
Lightning Source LLC
Chambersburg PA
CBHW070530160726
48003CB00004B/1745